朝日新書
Asahi Shinsho 704

天皇と日本人

ハーバード大学講義でみる「平成」と改元

ケネス・ルオフ
木村剛久 訳

朝日新聞出版

まえがき

いまでも日本人は皇室を特別なもの、世界に無比な存在と考えがちである。こうした傾向はとくに政治的右派に顕著であり、右派は皇室をこのうえなくすばらしいものとみている。同じように、戦後期の大半において、政治的左派は天皇制を日本特有の否定的現象ととらえてきた。だが、こうした把握はどちらも的確とはいえない。

日本の天皇制は、近現代（1868年以降、現在まで）におけるナショナリズムの一形態であり、それは世界中のナショナリズムと類似性をもっている、と私は理解している。

戦後の天皇制に関していえば、イギリス、スペイン、ベルギー、オランダ、ブータンなどの君主制とさまざまな共通性をもつ「象徴君主制」とみなして、いっこうに差し支えない。現代日本の天皇制を分析するには、本書でおこなったように、それをグローバルな脈絡、対比的な脈絡においてとらえるのがベストである。

だが同時に、平成の皇室には特徴がある。明仁《あきひと》天皇と美智子《みちこ》皇后は、過去30年にわたって、その皇位に独自の足跡を残してきたからである。本書では、明仁天皇の退位を歴史的文脈で検討したうえで、明仁天皇と美智子皇后の目標《アジェンダ》と象徴性を分析することに大きな焦点を当てている。

その目標は、しばしば重なりあう五つのテーマから成り立っていた。

（1）戦後憲法固有のさまざまな価値を含め、戦後体制を明確に支持してきたこと。

（2）社会の弱者に配慮し、地理的その他の要因により周辺でくらす人びとに手を差し伸べ、社会の周縁との距離を縮めるよう努力してきたこと。

（3）戦争の傷跡、さらに全般的に帝国の時代がもたらした深い傷跡をいやし、戦後を終結させようと努力してきたこと。

（4）日本が示すべき誇りを堂々と提示してきたこと。ただし、その誇りは、日本史の見方を含め、単純きわまるナショナリズムとは異なる国際協調主義に裏づけられたものであったこと。

（5）美智子皇后が際立った行動を示し、重要な役割を果たしてきたこと。

平成時代と次の時代に継続性があることはまちがいないが、同時に、私たちは新たな天皇と皇后が新しい皇室のスタイルをつくっていくことを期待できる。本書では、そのことにもふれた。

本書には二つの講演（講義）と一つの雑誌論文を収録した。ハーバード大学の講義では、実際には、本書掲載テキストをダイジェストしたものが用いられた。

ケネス・ルオフ

2018年10月、米オレゴン州ポートランドにて

天皇と日本人　ハーバード大学講義でみる「平成」と改元

目次

第1章 「国民の天皇」の誕生 ハーバード大学講義Ⅰ 15

第2章　平成の皇室を振り返る　ハーバード大学講義Ⅱ　53

第3章　次代の皇室をめぐって　ハーバード大学講義Ⅲ　103

第5章　明仁天皇の退位をめぐって　167

＊第1章～第4章＝２０１８年9月21日、米ハーバード大学での講義。
第5章＝２０１８年5月22日、米ポートランド州立大学での講演。
第6章＝『世界』２０１６年11月号。
＊天皇および皇族の発言は、出典の明記がない場合、原則として宮内庁ホームページを参照したものです。
＊文中（　）は著者による注、［　］は訳注、敬称は省略しました。
＊クレジットのない写真は朝日新聞社提供です。

第1章　「国民の天皇」の誕生

ハーバード大学講義Ⅰ

平成のはじまりと終わり

元号制は日本人に独特の時間概念をもたらしています。たとえば、「あれが起きたのは昭和何年だったか」というように。

現在、ほとんどすべての日本人は、年を西暦で数えるのになじんでいます（おそらく西暦がキリスト教に由来するとも思っていないでしょう）。実際、日本人の多くが西暦で日常の基本となる年を数えているのです。

それでも日本人が元号のことをいつも思い知らされるのは、役所の書類を埋めるときに元号を入れるのを求められるとか、平成9年に、平成17年に、平成31年に、こんなことがあったと聞かされるからです。とくに天皇制にとって重要なのは、代替わりによって、元号が替わることです。

ひとつの天皇の時代が終わると、すぐにその時代が回顧されます。その治世に皇室でどんな出来事があったかを順を追ってふり返るだけではありません。もっと幅広く、その間に日本がどのように発展したかも語られるわけです。これはかならずしもうまくい

1989年１月７日、新しい元号「平成」を発表する小渕恵三官房長官（当時）

くわけではありません。というのも、重要な歴史的転換点となった経済的、社会的、政治的出来事が、ひとつの天皇の治世と重なるとはかぎらないからです。

昭和は長くつづき、劇的に異なるふたつの期間を含んでいます。ふたつの昭和とさえ呼ばれるくらいですが、それはほぼ戦争に特徴づけられる時代（１９２６－１９４５）と、戦後の平和的な時代（１９４５－１９８９）に分かれます。

平成は昭和のおよそ半分で、ほぼ一世代に相当しますが、これをふたつの平成に分けるのは無理があるでしょう。平成時代（１９８９－２０１９）には、皇室関係では多くの目をひく動きがありました。とはいえ、はたして平成時代で日本の歴史を区切ることができるでしょうか。

不思議なことに、平成のはじまりは、国際的、国内的に重大な出来事とつながっていました。それは冷戦時代が終わり、日本のバブル経済が崩壊したときだったのです。昭和天皇の死去が冷戦終結と重なっていたことは、日本にとって大きな意味をもっています。平成時代に生じた大きな変化のひとつは、皇室について、あれこれ論議してはならないというタブーが、ほとんどなくなったことです。これは前代との大きなちがいです。

1980年代まで皇室がらみの話題は多くがタブーになっていました。それが平成時代になると、緩和されたり、ほとんどなくなったりしたのです。そのタブーのひとつが昭和天皇の戦争責任問題でした。戦争責任を表だって論議することは避けられていました。というのも、これを持ちだせば、けっきょく皇室の戦争責任をめぐる問題に門戸を開いてしまうことになるからです。

日本人が味わった苦難

最近、小林忍・元侍従の日記から、昭和天皇が晩年、戦争責任を強く意識していたことが明らかにされました。しかし、戦争責任に触れられることを昭和天皇自身がつらく感じていたとしても、実際のところ、全般的なタブーは残っていたのです。こうして、昭和天皇の死去と冷戦の終結が重なって、日本の現代史にかかわるさまざまな問題が再検証されることになりました。戦争責任問題はいうまでもなく、帝国の時代の責任についても、しかりです。

明仁《あきひと》天皇は、強い関心をもって、さまざまな過去の傷をいやそうと努めてきました。それについては、あとで論じることにします。

バブル経済の崩壊は大きな傷跡を残し、それにつづく経済停滞期を「失われた20年」とか「失われた30年」とか呼ぶ言い方が定着しました。私自身はこの言い方には問題があると思っています。日本はバブル経済以降の数十年、さまざまな有益な分野で引きつづき発展したからです。

しかし、この時代、多くの日本人が苦難を味わったのは事実です。幅広くみれば、日本の人口の大部分で、社会保障の基本意識が根本的に損なわれたようにみえます。さらにいうと、経済的停滞によって、日本は世界のなかでの位置づけを見直さねばならなくなったのです。そのことは２０１１年に中国が日本を追い越して、世界第2位の経済大国になったことをみてもわかります。

平成が終わりに近づくにつれ、世界の政治状況は不安定になりつつあります。平成時代の終わりもまた、偶然とはいえ、大きな経済的、政治的、社会的変化と結びつくことになるのでしょうか。たとえばふり返ってみて、２０１８年を、アメリカが国際的な自由貿易システムを支える役割を放棄した年と位置づけることができるなら、平成という時代が重要な転換点だったとみることも可能かもしれません。

私たちは国際秩序が大きく変わろうとしている時代に生きている、と雄弁に語ることは可能です。それでも、それが大きな変わり目になると断定するのは、時期尚早といえるでしょう。たとえば、多くの人は１９９０年代半ばになれば、日本経済は回復していくだろうとみていました。しかし、それ以降も経済が回復しなかったのをみて、ようやく１９９１年から92年にかけて「のバブル崩壊の時期」が大きな転換点だったと気づいたわけです。

「国民の天皇」という考え方

戦後の天皇制を論じた英語版の拙著が発行されたのは2001年のことです。その後、それがすぐ日本でも翻訳されて、多くの読者を獲得することになるとは思っていませんでした（いまでも、その著書『国民の天皇』は岩波現代文庫で読むことができます）。さらに、その翻訳版が大佛次郎論壇賞を受賞するとは、まさに思いもかけないことでした。

『国民の天皇』を読んだ日本人からは「こんな本は日本人にはとても書けない」と何度もいわれたものです。はたしてそうなのか、いまだに確信はもてません。日本人のすぐれた数多くの学者が、皇室について論じていることはたしかです。

私が本を書くために研究をはじめたころは、誰がどういう意見を述べているかで、天皇制への見方がイデオロギー的に異なっているようにみえました。したがって、とくに利害関係もなく問題に取り組みはじめたアウトサイダー研究者が、時に役立つことがあったのです。一国史に関しては、その国の市民にタブーとされている問題を、アウトサイダーが分析することが、しばしば有益になる場合があります。

　こうしたアウトサイダーの役割を私は『国民の天皇』で果たしたといえるでしょう。『国民の天皇』は、全般的に日本でひじょうに高い評価を受けました。ちょっと自慢できるのは、私がこの本の何章かで、政治的右派を怒らせる一方、ほかの部分で政治的左派を怒らせたことでしょうか。

　私は平成時代の天皇が「国民の天皇」なるものを全面的に実現したと論じました。日本語版の翻訳が出版されたときは、平成になってからちょうど15年が経過していました。現在30年目を迎えている平成の時代をふり返って、私は「国民の天皇」という言い方が適切だったと感じています。

　おそらく同じように私が「国民の皇后」に言及していたら、さらによかったにちがいありません。というのも平成時代の天皇制を語るうえで、美智子皇后はなくてはならない存在だからです。しかし、「国民の天皇」というとらえ方は、とりわけ戦後憲法によって定められた、すべての皇族にも適用可能なものと考えています。「国民の天皇制」ないし「国民の皇室」という言い方ももちろん可能です。

著書のタイトルを『国民の天皇』としたのは、日本での調査研究を終えて何年かあとに、アメリカに帰国したときのことでした。それは、当時、出版界に勤めていたアメリカの友人と3時間電話で話した結果です。『国民の天皇』というタイトルが決まるまでは、それこそいろいろなアイデアがだされて、話がはずみました。

しかし、『国民の天皇』というキャッチフレーズは、ずっと早くから頭に浮かんでいたのです。日本に滞在して各方面にわたって研究をつづけるうちに、私はまさに国民の天皇と名づける事例にぶつかっていたのです。

「皇室の人びとは新聞・雑誌を読んでいますか」

私にとっては、ちょっとはずかしいことなのですが、ここで国民の天皇という言い方に関係する、ちょっとした笑い話を披露させていただきます。日本の天皇制を理解するのは、なかなかたいへんな仕事であり、多くの日本人の協力が必要でした。

戦後日本の天皇制に関する学位論文を書くため、１９９４年に日本にきたとき、私はすでにひと通りの日本語能力をもっていましたが、天皇制についてさほど知っていたわけではありません。

しかし、調査をはじめているうちに、共同通信の高橋紘《ひろし》と知り合いました。彼自身も宮内庁の記者クラブ、すなわち宮内記者会で何年か仕事をしたことがあったのですが、当時、宮内記者会にいた共同通信の記者を紹介してくれたのです。あいにく、その若い記者の名前を忘れてしまったのですが、たぶん匿名にしておいたほうが無難でしょう。

私はマスメディアが天皇のイメージをうまく伝えるのに、どんな役割を果たしているかを理解しようとしていました。とくに、皇室と国民とのあいだをつなぐメディアの役割を知りたかったのです。いま考えれば、まったく無邪気なのですが、私は若い記者にこう聞きました。

「皇室の人びとは自分たちのことが書かれている新聞や雑誌をお読みになっているのでしょうか」

この記者は礼儀ただしかったものの、天皇制の研究者がこのようなあまりにも素朴な質問をすることにちょっとびっくりしたらしく、その表情を抑えるのに苦労していました。気持ちが落ち着いてから、彼が教えてくれたところによると、皇室の人びとは自分たちについて書かれたものにほとんど目を通しており、宮内庁には新聞や雑誌の記事を切り抜く部署もあって、それを皇室の人びとに配布しているとのことでした。

皇室の人びとは常に国民の前に姿をみせます。そのふるまいは国民によって評価されるのです。そして、そのあらゆるふるまいが概して低くみられないよう、皇室は関心を寄せないわけにはいきません。

私は皇室とマスメディア、国民のつながりについて、のちに『国民の天皇』で、次のように書きました。

戦後憲法下で皇室が直面した大きな変化は、自由な報道にさらされるようになったことである。宮内庁はそれなりに皇室のイメージが伝わるよう努め、メディアはそれを国民に植えつける役割を果たしている。皇族による公式行事や旅行はすべてお膳立てされ、メディアは天皇や皇族の情報を伝える道具と化す。一方、皇室はメディアを通して自分たちの活動に対する一般の評価を推し量る。皇室に対する世論は、メディアを通して評判を気にする皇族やお付きの人へと伝わっていく。さらにメディアは、宮中に出入りする情報の伝動ベルト役を務めるだけでなく、自らも皇室のイメージをつくりあげる役割を演じている。*1

こうした皇室とマスメディア、国民との相互のつながりは、現在でも変わらないといえるでしょう。

もちろん、ここで理解しておかねばならないのは、日本国憲法こそが「国民の天皇」の大枠を定めているということです。君主制存続の問題、すなわち天皇制を存続すべきか否かが、表だった議論の俎上《そじょう》にのぼったのは、戦後になってからのことです。

「皇位の廃止」は誰が決めるのか

北海道大学法学部に所属しながら、天皇制の研究を進めていたときに、私はすぐれた憲法学者である高見勝利教授から教えを受けました。彼は、戦後憲法公布以降数十年間に書かれた先駆的論考を研究すれば、天皇の憲法上の地位と役割に関する基本的解釈を知ることができると指示してくれたのです。

たとえ保守派の学者たちが日本国憲法を懸命に読んだとしても、次の解釈を揺るがすことはできません。つまり、日本国民が主権を享受していることからすれば、憲法上の規定では、天皇制の存続は国民の総意によって決まってくるということです。あくまでも仮定としていうなら、日本国民が皇室に反対し、その廃止を主張するようになったなら、選挙で選ばれた政治家はこうした要求に応えなければなりません。

もし選挙で選ばれた公職者が、この日本国民の圧倒的意思に応えるのをこばむようなら、国民は今度は皇位の廃止を支持する政治家を選出するようになるでしょう。現実的な条件でいうなら、皇位の廃止を実現するには、国民レベルでの持続的運動を必要とするでしょう。しかし、現行憲法を解釈すれば、天皇制の存続は主権者である国民にゆだねられていると言わざるをえないのです。

そのため、皇室は国民の動向を把握しなければならないし、国民の意向に沿って何らかの役割を果たさなければならないのです。

1986年に当時の明仁皇太子は、夏の定例会見で、「現代の皇室は現代の国民に望ましいあり方でなければなりません」と発言しています[*2]。明仁天皇と美智子皇后は、国民の天皇、国民の皇后という考え方を受け入れているようにみえます。その理由は、単にそうでなければならないというだけでなく、二人が国民と喜びや悲しみを分かちあうことに大きな意義を認めているからにほかなりません。

皇太子発言の受け止め方

2004年のある時期、人びとはふだんは閉ざされたドアの後ろに隠れている皇族が、心のうちをのぞかせ、皇室に期待されている公務にからんで、みずからの希望や要望を口にする場に遭遇しました。デンマークとスペインの王室の結婚式に一人で出席するのに先立っておこなわれた2004年5月の記者会見で、徳仁《なるひと》皇太子はきわめて率直な発言をしましたが、これは皇太子妃の精神的不調と、愛子《あいこ》内親王の将来をめぐる混乱が重なったためと推察できます。ここで皇太子は「雅子《まさこ》のキャリアや人格を否定するような動きがあったのも事実です」と述べたのでした。

当時、私はこの皇太子発言をこんなふうに受けとめました。これは雅子妃の主な仕事が男子継承者を産むことであるといった考え方にたいする抗議であり、また愛子内親王が皇位に就けるよう皇室典範の改正を求める行動だと思っていたのです。この出来事はその後、皇室全体を巻きこんでいくことになるのですが、もっと幅広くみると、これは皇室が国民のために忠実に務めることの意味を問うたものだったのです。

国民の天皇であるとはいったいどういうことなのでしょう。

2004年5月の徳仁皇太子の発言は、それから数カ月たってから、反響を引き起こしました。たとえば秋篠宮《あきしののみや》はその年11月30日の39歳の誕生日に先立つ記者会見で、皇太子がまず天皇に相談することなく、いきなり皇太子妃の人格を否定するような人びとがいると発言したことを残念に思う、と発言しました。

秋篠宮はさらに「自分がしたいことはいろいろあるわけですけれども、それが公務がどうかはまた別ですね。私は公務というものはかなり受け身的な

2004年５月10日、東京・赤坂の東宮御所で記者会見する皇太子（代表撮影）

ものではないかなと」とも述べています。この発言はどうやら皇太子への非難であり、とりわけ皇太子妃が海外に行く機会が制限されていると不満をもらしたのを批判したものと受け取られました。

たとえば、テレビのリポーターが街角のひと言を求めて、100人の平均的な日本人に「宮内庁はもっと皇室の人びとに自由を与えるべきだと思いますか」と聞いたとしましょう。たぶん、たいていの人は「もちろん、そう思いますよ」というふうに答えるのではないでしょうか。宮内庁は皇室の生活を規制しすぎていると非難するのが、戦後日本の風潮です。しかし、日本人はほんとうに、皇室が国民の税金を使って、特権的な生活を思うままに楽しむことを望んでいるのでしょうか。

秋篠宮の発言は、宮中で多くの人がいだいている次のような解釈を反映したものでした。つまり日本人の多くが、多かれ少なかれ皇位を支持しているのは、皇室が利己的でなく、近所を自由に散歩するといった多くのありふれた楽しみを味わえないにもかかわらず、国民と国家のためにその義務を忠実に果たしているとみているから、というものです。

宮内庁がまちがいなく求めているのは、皇室が幸福以前に義務を優先していると受け止められること、少なくとも義務よりも個人的な幸福を優先しているのではないと思われることなのです。

天皇が示した重要な解釈

その年（2004年）の終わり、明仁天皇は誕生日に際し前もって提出されている質問に答えて、徳仁皇太子の率直な公的発言に言及しました。天皇は皇太子から何度も説明を受けたあとでも、その発言に驚き困惑しているとはっきり述べました。しかし、不思議なことに、天皇は皇太子発言を擁護することなく、一方で皇室の遂行する公務について、ひじょうに重要な解釈を示したのです。それはふたりの息子が提起した解釈を融和させようというものでした。

2人［皇太子と皇太子妃］の公務についても、5月の発言以来、様々に論じられてきました。秋篠宮の「公務は受け身のもの」という発言と皇太子の「時代に即した新しい公務」とは、必ずしも対極的なものとは思いません。新たな公務も、そこに個人の希望や関心がなくては本当の意義を持ち得ないし、また、同時に、与えられた公務を真摯《しんし》に果たしていく中から、新たに生まれてくる公務もあることを、私どもは結婚後の長い年月の間に、経験してきたからです。

この発言は、一代の天皇や皇后が、皇位にそれぞれの特徴を刻みつけることを認めたものでした。公務の定義が進化していくだけでなく、皇室が公務を定義する役割を果たしていくのです。しかし、こうした公務は同時に国民の共感を得る必要があります。国民の天皇という考え方を理解するには、それにたいする反対意見を検討してみるのがいちばんです。こうした反対意見が出てくるのは、憲法をめぐる専門的な議論においてだけではありません。むしろ皇室を「非難」する、さまざまな例があります。

私がみるところ、皇室非難にはある特定のタイプがあって、それは戦後民主主義体制を根本的に否定するものです。こうした攻撃が周期的に浮上するようになったのは占領期が終わったときからで、明仁皇太子の婚約以降に強まり、現在にいたるまでつづいています。皇室への非難がすべて戦後民主主義体制を批判するものだというわけではありません（雅子妃への非難は、これとはちょっと異なります）。しかし、非難を通じて流れているものとしては、一貫して戦後民主主義への反対という大きな特徴があるのです。

眞子内親王の婚約

最近では、たいていの日本人が眞子《まこ》内親王の婚約者候補とされた男性への非難があることを知っています。ときにこれは戦後民主主義体制への攻撃という様相を呈します。というのも、なかには、プリンセスが「借金」問題のある人と結婚しようとしていると皮肉る、あからさまな非難もあるからです。いまの多くの主婦と同様、眞子さまが、結婚後も働いて家計を助けねばならないのかという不安の声さえでています。

これはたしかに民主的といえば民主的ですが、皇室は雲の上の存在であるべきだといまだに考える最右派の立場からみれば、眞子内親王が財産のない人と婚約するのは、戦後民主主義体制のもとに置かれている皇室の現状を痛ましいものと思わせることなのです。私がこれについて述べている現時点では、はたして結婚が成立するのかどうかがわからなくなっています。

いまの日本人は知らないかもしれませんが、占領終結後しばらくは、皇室へのコメントを通じて、戦後民主主義体制への嫌悪を示す批評が見受けられました。

1953年に当時の明仁皇太子は、将来天皇になるための有益な経験として、6カ月にわたる海外旅行に出かけました。しかし、そのため皇太子は学習院大学の多くの授業を欠席しなければならなくなりました。そのとき大学当局は戦後の平等主義をかかげる教授たちから突きあげられ、宮中と交渉した結果、皇太子の進級は認めるけれども聴講生とするという結論を出したのです（そのため明仁天皇は学習院大学を卒業していません）。

この出来事は、当時の最右派論客、里見岸雄を仰天させました。作曲家の黛《まゆずみ》敏郎《としろう》や作家の藤島泰輔《たいすけ》など、国民の天皇を批判する最右派の記憶にも、この事件は何十年にわたって刻まれることになったのです。

ゆがんだ教育という批判

戦後、皇室と国民を結びつけた出来事は、何といっても明仁皇太子と美智子妃の結婚でした。しかし、若者らしい現代的な流儀とあいまって、皇室に平民の娘を迎えることにたいし、戦後体制を不愉快に思う少数派は「国民の皇室」への批判を強める一方でした。

1959年2月の国会審議で、自民党議員の平井義一《ぎいち》は、皇太子の結婚相手選びに不快感を示し、「日本の天皇というものは……どこからみても富士山の姿のように拝まなければならぬというぐらいのあり方でなければ国民は崇拝しませんよ」と発言しました。*3しかし、平井の批判は、そのあとにくる卑劣な攻撃にくらべれば、まだ穏やかなものでした。

1971年10月号の雑誌『流動』に掲載された皇太子をめぐる座談会には、黛敏郎や藤島泰輔に加えて、文芸批評家の村松剛《たけし》や慶應義塾大学教授の中村菊雄が出席し、アメリカが皇太子の家庭教師にエリザベス・バイニングをつけたのは無礼だと、激しく非難しました。出席者のひとりは、バイニングが屈辱的にも皇太子にジミーというあだ名をつけたことを紹介し、これは彼女が学習院のほかの生徒と同じように皇太子を扱おうとしたのだと憤慨しました。藤島は皇太子が彼女からゆがんだ教育を受けた結果、「菌」に感染させられたのだとまで発言しています。

座談会の参加者は「皇太子さんは少し普通の人になろうという努力が過ぎる」という意見に賛同し、それよりも「最高無比みたいな方」になってほしいと述べています。藤島は最近の記者会見で皇太子妃が記者のたばこに火をつけてやった（これはまずありえないこと）という驚くべき発言をして、それを聞いた黛は皇太子妃をバーの「ホステス」になぞらえています。[*4] こうした真っ向からの個人攻撃は、幅広くみると、単に若い皇室カップルへの攻撃というより、戦後民主主義体制そのものの告発とみてよいでしょう。

こうした批判は1980年代、1990年代、さらには現在までつづいています。たとえば、1995年、阪神淡路大震災のときの江藤淳による激しい攻撃をみてみましょう。天皇と皇后が被災者を元気づけている映像に反応して、江藤は憤慨し、『文藝春秋』のエッセイでこう書いています。

［天皇と皇后は］何もひざまずく必要はない。被災者と同じ目線である必要もない。現行憲法上も特別の地位に立っておられる方々であってみれば、立ったままで構わない。馬上であろうと車上であろうと良いのです。国民に愛されようとする必要も

1995年1月31日、阪神淡路大震災の被災地を訪問する天皇、皇后

一切ない。[5]

日本経済新聞の記者、井上亮《まこと》は平成の皇室にたいする江藤の批判を、根本的には戦後民主主義への怨念ととらえています。[6] 10ページにわたるエッセイで、江藤は批判的な調子で「戦後民主主義」ということばを9回用いています。天皇と皇后は、戦後民主主義を全面的に批判する江藤の格好の標的となったのです。

「国民の天皇」は右派の人びとからいやがられたものの、国民の圧倒的多数からは歓迎されました。それが全面的に開花するのは、明仁天皇と美智子皇后の時代においてです。

「国民の天皇」がこの数十年にわたって進展したため、退位が近づくにつれ、日本人の多くは平成の皇室が「自然」のようにみえ、皇室はいつもこんなふうに動いてきたのだと思うようになったかもしれません。現在の天皇皇后夫妻が皇室と国民の距離を縮めようとしているのはたしかです。かといって現在の日本の皇室（同様にイギリスの王室も）を「自転車王室」のカテゴリーにいれるのはまちがいです。

「自転車王室」は、基本的にスカンディナビアの王室をさす言い方ですが、ベルギーやオランダなど大陸ヨーロッパの王室に用いても差し支えないでしょう。よく知られた自転車王室は、気が向いたときに宮殿から自転車で近くのカフェに行き、そのあたりの人と一緒にコーヒーを飲むといったものです。こうした形式ばらないスタイルは日本の皇室でもイギリスの王室でも見かけないものです。徳仁皇太子がしばしば皇居の周りをジョギングするのをみて、自転車王室の気楽なスタイルを思い浮かべるかもしれませんが、それは実際には異なっています。

明仁天皇の生い立ち

明仁天皇と美智子皇后が平成時代に追求した目標《アジェンダ》を理解するには、明仁天皇がどのような人生経験をへてきたかを考えてみなくてはなりません。

日本が1945年8月に敗戦を迎えたとき、天皇は11歳の少年でした。言い換えれば、戦争が自国にもたらした破壊の跡をしっかりと記憶する（そして、自国で見聞きしたことから、日本の戦った相手が経験したことをも想像しうる）年齢に達していたのです。

とはいえ、まだじゅうぶんに若く、民主主義と平和を強調する戦後体制のもとで、これから教育を受けられるだけの余地はあったのです。彼はその期間を、さまざまな指導教師とともにすごし、憲法により国民主権下の国の象徴と定められた君主とはいかなるものかを学ぶことになりました。

明仁天皇が生まれた1933年に、日本は満州国を非合法的な傀儡《かいらい》国家と非難したリットン報告を国際連盟が受諾したことに抗議し、連盟を脱退しました。1931年の満州事変は、大日本帝国全体にナショナリズムの波をもたらしましたが、この事件をきっかけに日本はアメリカやイギリスなどの帝国主義勢力とたもとを分かち、アジアにおける自前の帝国主義的政策を追求するようになりました。帝国を拡張しようとする日本の試みは、中国との全面戦争を招きますが、このとき、のちに天皇となる少年は満3歳でした。

一般的に、6歳といえば大人になってもかすかに記憶が残るころですが、現在の明仁天皇が6歳になったとき、日本はどの帝国も実施したことのないような大がかりな大衆的祝典を挙行します。それが紀元二千六百年の祝典です。

紀元二千六百年の祝典

1940年の紀元二千六百年祝典は、おそらく明仁天皇がいまなら不愉快に感じる一種極端な愛国主義を打ちだしています。そのため、幅広くみれば、この大衆的祝典のいくつかの側面は、ナチスドイツのニュルンベルク党大会と対比することもできるでしょう。私からみれば、日本の戦時中の天皇崇拝は、文化大革命で頂点に達した毛沢東崇拝や、故金日成《キムイルソン》や現在の金正恩《キムジョンウン》支配下にある北朝鮮の最高指導者崇拝を思いおこさせます。

ごく簡単にいうと、紀元二千六百年は「万世一系」思想にもとづく祝典でした。この思想によると、皇統がはじまったのは、西暦紀元前660年2月11日に神武天皇が即位したときとされます。神武天皇は天照大神《あまてらすおおみかみ》の後裔《こうえい》とされ、この神武天皇を始祖として、男子を通じて皇統が綿々と受け継がれてきたといわれます。

1940年の紀元二千六百年の時点では、こうした特質が、万邦無比《ばんぽうむひ》である日本の「国体」を形づくっているというのが、国民的総意になっているように思われました。いうまでもなく、こうした独自性が求められたのは、帝国日本の拡張を正当化するためでした。国体のメッセージは、この年の度重なる行事のなかで、何度もくり返されました。それはまじないのようなものでしたが、当時は誰もが実に意義深いものと思っていたのです。

1940年の時点で、5年後の壊滅的な大日本帝国崩壊を予想していた日本人はほとんどいなかったでしょう。しかし、紀元二千六百年の祝典には、自滅を招く一種の傲慢《ごうまん》さが、みるからにあふれていたのです[*7]。

敗戦にいたるまでの数カ月を、若き皇太子は、当時の多くの子どもたちと同様、都市の空襲を避けるため、いなかですごしました。戻ってきたとき、東京は焼け野原になっていました。

1948年にアメリカ占領当局は、あきらかに見せしめのような行動にでます。軍事的手段によってアジアを支配しようとした日本の試みがいかに惨めに終わったかを、将来の天皇に毎年思いおこさせるための手段を考えたのです。アメリカ側は明仁の誕生日である12月23日を選んで、その日、極東国際軍事裁判で死刑を宣告された東条英機と戦前・戦中の指導者6人を絞首刑に処しました。

明治憲法と昭和天皇

皇位継承者の明仁は、戦時の最悪な状態や戦後の困窮を免れていましたが、自国が受けた恥辱や国民の悲惨さを目撃していました。そのうえ、彼の12歳以降の教育（それまでも皇太子と定められて以降、教育はされていましたが）は、つまるところ、戦後民主主義体制のなかで国の象徴としてどのような役割を果たすかに重点を置くものでした。明仁天皇は、自分の父とは異なる信念をもって、公的な政治過程の外部での、象徴としての役割を自覚するようになります。

昭和天皇は明治憲法のもとで育ちました。明治憲法は天皇に圧倒的な政治的権威を与え、昭和天皇は人生の半ばを（その治世の3分の1を）明治憲法のもとにすごします。戦後憲法はまたたくまに天皇の地位と役割を規定しなおすことになりますが、昭和天皇のこれまでのやり方はそう簡単には変わりませんでした。

昭和天皇はたとえば政府の閣僚や高官から、政府や政治の動向について、定期的な報告を求めました（内奏）。この内奏のあいだ、昭和天皇は自分の意見をためらわずに表明し、その意見が天皇に最大限の敬意を払うことを条件づけられた高官に影響を与えたのです（実際、明治の体制に親しんでいる政府高官の多くは、1947年5月3日をもって新憲法に移行したあとも、政府で働きつづけていました）。

そこで、拙著『国民の天皇』では、「いまも続く内奏」という1章をもうけて、戦後期のこの問題を論じています。昭和天皇が引きつづき政治に関与していたというのは、語るべき論点だったからです。

1973年には防衛庁長官が、防衛政策について述べた天皇の発言をもらしてしまいました。これは新聞が騒ぎ立てる大スキャンダルとなり、天皇の地位は、政治とは無縁の象徴以上のなにものでもないという社説が出されました。これに怒った昭和天皇はある侍従に「もうはりぼてにでもならなければ」と語ったといいます。[*8]

その父とちがい、明仁天皇は入念に、みずからの役割を憲法で規定されたように象徴だとする立場を守ってきました。現天皇も首相にかぎらず、時に応じて閣僚や政府高官からの説明を受けています。宮内庁記者クラブの記者から聞いたところでは、即位してからも、こうした説明のあいだ、天皇は積極的によく質問をするといいます。しかし、明仁天皇はみずからの憲法上の地位が公的な政治過程においては、儀式的な役割以上のものを与えられていないことをよく自覚しています。

父親とはちがい、明仁天皇が明治の体制下でいう「元首」だったことはありません。このことが、平成時代の内奏に以前ほどのオーラや重要性を感じさせない理由になっています。

皇室の観察者たちは、いつの日か、その侍従や内奏者の記録などから天皇の個人的発言に光を当てるエピソードがでてくることを期待していますが、これについては昭和天皇の場合ほど興味がもたれているわけではありません。平成の皇室の内奏に親しんでいる人で、自分の役割を象徴と心得ている明仁天皇が、内奏を通じてみずからの影響力をおよぼそうとしていたと思う人はほとんどいないのです。

平成時代の象徴性

それでも、明仁天皇がロボットでないことを知っておかねばなりません。歩きもし、話しもする国民的象徴がロボットであるはずはないのです。国民国家の一般的な象徴である国旗は、風に吹かれればポールでなびくだけですが、象徴である天皇は、くり返すようですが、歩きもし話しもするのです。

1969年の結婚10周年の記者会見で、当時皇太子の明仁は、この状況をこう語っています。「憲法上、ある意味では、皇族はロボットであっていいと思うが、ロボットであってもならないと思う。そこがむずかしい」[*9]

30年の在位期間に、ロボットではない明仁天皇は、天皇制にも社会にも大きな足跡を残してきました。新天皇は独自の道を切り開いてきたわけです。何人もの評論家が驚いたように、それは思いおこすに値することなのです。

アメリカ占領軍と、のちに宮中が率先しておこなった宣伝が功を奏して、天皇はそもそも意思をもたないとされ、昭和天皇は戦争責任を免れました。しかし、1989年には、すでに多くの人が、天皇は単なるはりぼてではないという金言を受けとめるようになっていました。

実際、皇室が社会的影響力をもつのは、皇室が象徴としての役割をもっているからなのです。イギリスからブータンにいたるまで、日本以外の象徴君主制に関しても同じことがいえます。

たとえば、1987年に故ダイアナ妃は、手袋を取ってエイズ患者と握手しています。それによって、この難病が流行しはじめたときに広がった、エイズ患者にたいする偏見に終止符を打ったのです。

同じような心打つ例がブータンでもあります。

ブータンは2008年の憲法により、直接統治の君主制から象徴君主制に移行しました。これにより象徴君主が有するのは、一種の社会的影響力だけになりました。2009年の25日間にわたる国内巡幸《じゅんこう》で、新国王ジグミ・ケサル・ナムゲル・ワンチュクは、

1995年２月、来日し保育園を訪れるダイアナ妃（代表撮影）

僻地《へきち》の村々を訪れ、ある種の有害な迷信は放棄すべきだということを、みずからの行動で示しました。

この年3月、僻地の村々を歩いているとき、国王は「穢《けが》れた者」として村八分にあっているタシ・ワンモという女性に出会いました。ブータンの田舎の村では、穢れた一家だという理由で、何世代にもわたって村八分にあう家族がいるのです。村人は彼らから食べ物や飲み物を受け取るのさえ拒否します。事前に査察をすませていた側近のひとりが、陛下はこの女から何も受け取らないようにと忠告しました。

それでも国王はタシ・ワンモに近づき、

数珠を与えて、自分の椀にアラ（地元の醸造酒）を少しそそがせ、それを飲みました。それから彼女にたいし、国王が「穢れた者」に入れてもらった酒を飲んだと村人たちに伝えるよう言い含めました。

この出来事で、彼女の境遇は変わりました。こうしたさりげない行動によって、国王は何世代にもわたって、一家につきまとっていた呪いを解いたのです。これは若き国王による、計り知れぬほどの象徴的な重みをもつ、一種の慈悲深い行動でした。ブータンの人びとは、そうした動きに急速になじみつつあります。

天皇制は不朽のものか

同じように日本の天皇皇后夫妻も、目標《アジェンダ》を定めて、その社会的威信をおよぼしてきました。日本では、個々の天皇は、たとえ外部から操作されたとしても、それなりにみずからの皇位を特徴づけることができます。明仁天皇と美智子皇后の皇室が1945年以前の皇室とあきらかに異なることはいうまでもありません。しかし、それは裕仁《ひろひと》天皇と良子《ながこ》皇后（昭和天皇と香淳皇后）による戦後の皇室とも大きく異なっていたのです。

明仁天皇と美智子皇后（とりわけ、皇后は「はりぼて」ではないのですが）は、明仁が1989年に皇位に就く前から、ひとつの目標を念頭においていました。二人の目標は、国民の天皇という考え方と直接からんでいます。

私たちは、このエリート的な制度、すなわち天皇制が不朽のものになってきたかを問うてみなければなりません。

私のみるところ、明仁天皇と美智子皇后の目標ないし象徴性は、重なる部分もあるとはいえ、次の五つのテーマによって特徴づけられます。

（1）戦後憲法固有のさまざまな価値を含め、戦後体制を明確に支持してきたこと。

（2）社会の弱者に配慮し、地理的その他の要因により周辺でくらす人びとに手を差し伸べ、社会の周縁との距離を縮めるよう努力してきたこと。

（3）戦争の傷跡と、さらに全般的に帝国の時代がもたらした深い傷跡をいやし、戦後を終結させようと努力してきたこと。

（4）日本が示すべき誇りを堂々と提示してきたこと。ただし、その誇りは、日本史の見方を含め、単純きわまるナショナリズムとは異なる国際協調主義に裏づけられたものであったこと。

（5）美智子皇后が際立った行動を示し、重要な役割を果たしてきたこと。

天皇皇后夫妻の目標課題を記述するキーワードとしては、平和、文化、寛容、真摯が挙げられるでしょう。しかし、世界の王室と比較すると、現在の皇室の象徴性には欠けている部分がないわけではありません。それについては、またのちほど論じることにしましょう。

＊1　ケネス・ルオフ『国民の天皇』（高橋紘監修、木村剛久他訳、岩波現代文庫、2009）309－310ページ。
＊2　山下晋司監修『天皇陛下100の言葉――国民に寄り添うやさしき御心』（宝島社、2017）30ページ。
＊3　『国民の天皇』（前掲）359ページ。
＊4　「《座談会》皇太子『明仁親王』」『流動』1971年10月号225ページ。

*5 江藤淳「皇室にあえて問う」『文藝春秋』1995年3月特別号101ページ。

*6 井上亮「発信する『国民の皇后』」。森暢平・河西秀哉編『皇后四代の歴史――昭憲皇太后から美智子皇后まで』所収（吉川弘文館、2018）186-187ページ。

*7 日本の紀元二千六百年祝典ならびに1940年の全般的状況を詳しく知るには、ケネス・ルオフ『紀元二千六百年――消費と観光のナショナリズム』（木村剛久訳、朝日選書、2010）を参照。

*8 『国民の天皇』（前掲）182ページ。

*9 『天皇陛下100の言葉』（前掲）14ページ。

第2章　平成の皇室を振り返る

ハーバード大学講義Ⅱ

戦後体制を擁護する

皇室が戦後体制を擁護している点に関しては、明仁《あきひと》天皇の基本スタイルが昭和天皇よりずっとくだけているというところからはじめるのがよいでしょう。

たとえば、用意された声明を読むときにも、明仁天皇の場合は、昭和天皇のときのように侍従がそれを手渡すのではなく、みずからポケットから声明文を取りだします。さらに、夫妻は国民との距離を縮めており、美智子皇后が自然災害にあった犠牲者を抱きしめることもあります。国民とのこうした気安さと親密さは、戦後民主主義体制を批判する右翼の怒りを招くほどです。

明仁天皇は戦後体制を支持するさまざまなことばを発しています。一貫して戦後体制を支持していることは疑うべくもありません。

皇太子時代の1974年には、文化と平和という言葉が世代的影響力をもっていることに言及し、こう述べています。「終戦直後よくいわれた平和国家、文化国家という言葉は私達の世代のものに懐かしい響きがあります。これをもう一度かみしめてみたい」*1

1987年の誕生日定例記者会見では、言論の自由を支持すると述べています。「全般的にあらゆるものについて言論の自由は大事だということです」[*2]

周辺の環境は、明仁天皇が、1970年代から80年代はじめのスペインにおけるファン・カルロス国王のように、独裁制を民主体制に導く英雄的で直接的な舵取り役をすることを許しませんでしたが、日本の天皇は民主主義を断然支持することを明らかにしていたのです。

皇太子時代からの発言内容から予見されたように、明仁天皇が即位にあたって、日本国憲法を守ると述べ、とりわけ平和と社会福祉に言及したことはさほど驚きをもたらさなかったと思われます。「皆さんとともに日本国憲法を守り、これに従って責務を果たすことを誓い、国運の一層の進展と世界の平和、人類福祉の増進を切に希望してやみません」というのが、そのときのことばです。[*3]

戦前の天皇制は、イデオロギーに満ちていたといわれますが、かといって平成の天皇制がイデオロギーから解放されていたわけではありません。それは自然で、ごくあたりまえに思えるかもしれませんが、戦後の民主主義体制にも複雑なイデオロギーがからんでいます。そればかりか、それは帝国体制（1868－1945年）ともけっして無縁ではありませんでした。明仁天皇と美智子皇后は、戦後の民主主義体制のもとで、いかに「役割を果たす」かを学んだのであり、同時に、二人はあきらかに、この体制に固有の価値やイデオロギーを熱心に支持していたのです。

社会の周縁との距離を縮める

天皇皇后夫妻が社会の周縁との距離を縮めようとしていたとは、どういうことなのでしょう。近現代（1868年から現在まで）をとおして、皇室は不利な立場に置かれた人びとを助ける運動を支援してきました。しかし、こうした支援は、以前はたとえば、こうした苦しむ人びとを収容する施設を、社会の中心地から離れた場所に設置するようなかたちでなされていました。

しかし、これにたいし、現在の天皇皇后は、これまで社会の中心から隔てられていた人びとをできるだけ統合し、「社会の周縁との距離を縮め」ようと努めてきたのです。夫妻はいわゆる世間になじめない人びとに常に光をあて、彼らを周縁部から引きだそうとしています。

周縁化の定義は多様です。身体的障害により差別を受けている人から、地理的ないし歴史的な理由により周縁化されていると感じている人にまでおよびます。

二人は天皇、皇后になるずっと前から、日々の生活で苦難に直面している人びとに手を差し伸べてきました。

1964年の東京オリンピック後に日本ではじめて開催されたパラリンピックで、当時の明仁皇太子は障害者にある理念を適用しました。当時、障害者はスポーツを奨励されていたといっても、それはリハビリのためだけでした。

1996年から2007年まで侍従長を務めた渡辺允《まこと》（1936年生まれ）によると、あのとき現天皇は、すぐに異なる見解をもちだし、「障害のある人でも、ほかの人と同じ目的をもってスポーツに取り組むべきだ」と話したといいます。*4

いまでは社会の価値観は進化し、こうした考え方はごく当然になっています。しかし、1964年の時点では、障害者は世間から身を隠しておくようにというのが世間の通念だったのです。

周縁化にはさまざまな度合いがあり、いまでも障害者が多くの困難に直面しているのは事実です。それでもかつてより周縁化される度合いはずっと少なくなりました。皇室はその過程で大きな手助けをしたのです。

皇室がお墨付きを与える

1999年に宮内庁は明仁天皇の即位10年を記念するため、『道』と題する本を出版しました。[*5] いうまでもなく、これは皇室をたたえるための出版物ですが、平成の天皇と皇后がどういう点に関心を寄せているかを知るうえで、きわめて有益なものです。

この本で目立つのは、二人がいかに社会福祉問題に力を入れているかということです。イギリスの王室とちがって、日本の皇室はみずからの慈善団体を設立しているわけではありません。評論家のなかには、チャールズ皇太子が「慈善帝国」をつくりあげたという人もいます。こういう記述は日本の皇室にはあてはまりません。

わりあい知られているのは、日本の皇室が、たとえば慈善団体（社会福祉団体から芸術支援団体にいたる）の名誉総裁のようなものを引き受けるかたちで、推奨のお墨付きを与えていることです。しかし、イギリス王室のように資金集めをはじめとして、驚くべき頻度と範囲で、慈善活動にかかわっているわけではありません。

しかし、日本の状況に即していうと、明仁天皇と美智子皇后は精力的に社会福祉を支援してきました。もっとも不利な立場に置かれた人の生活の改善に寄与するため、大会であいさつしたり、社会福祉施設を数多く訪れたりしているのです。二人を「社会福祉の皇室カップル」ととらえるのが、まさに適切でしょう。

即位10年を記念する記者会見で、明仁天皇はその役割を次のように述べています。

「障害者や高齢者、災害を受けた人々、あるいは社会や人々のために尽くしている人々に心を寄せていくことは、私どもの大切な務めであると思います」[*6]

とくに理解しておくべき点は、天皇のおかげで自分たちの状況が改善されたと、日本の障害者自身が認めていることです。

たとえば、２００９年に、日本身体障害者団体連合会会長の小川栄一は、即位20年の祝典に取り組んだ奉祝委員会のホームページに一文を寄せ、「両陛下のおかげで障害者福祉が大きく前進したと言っても過言ではありません」と述べています。

小川は1964年に開かれたパラリンピックのさい、当時皇太子の天皇が、連日会場を回って選手を激励し、大会終了後は東宮御所に関係者を招き、次のようなことばをかけたと述べています。

日本の選手が病院や施設にいる人が多かったのに反して、外国の選手は大部分が社会人であることを知り、外国のリハビリテーションが行き届いていると思いました。このような大会を国内でも毎年行ってもらいたいと思います。

その結果、日本では1965年から毎年、国民体育大会にあわせて、身体障害者スポーツ大会が開催されるようになったといいます。

小川はさらにこう述べています。「この大会のおかげで、閉じこもりがちであった身障者たちが施設の外に出てスポーツに取り組むようになり、『障害があってもやればできる』という勇気と自信を持てるようになりました*7」

ハンセン病療養所を訪問

日本におけるハンセン病患者の痛ましい歴史を考えてみましょう。

患者は長期にわたって、医学的な根拠も示されないまま最近まで隔離されてきました。１９４０年代にプロミンという画期的な薬が開発されて、ハンセン病は治療可能となりました。ところが、１９９６年に、らい予防法が廃止されるまで、日本政府は患者を強制的に隔離する政策をつづけてきたのです（政府は事実上、賠償金を払い、謝罪しました）。しかし、この法律が廃止されたあとも、療養所の多くの患者は、あまりにも長いあいだそこですごしてきたために、ほかの場所でくらすことなどとても想像できなかったのです。

１９６８年から２０１４年まで、46年にわたって、明仁天皇と美智子皇后は、日本にある14の施設をひとつずつ訪れ、ハンセン病患者の人びとと面会しました。こうした療養所は僻地に置かれていました。

さらにいうと、２０１５年1月28日に、天皇と皇后は日本と海外諸国（インド、アメリカ、フィリピン、インドネシア、エチオピア）の元ハンセン病患者を皇居に招き懇談しました。

インド・ハンセン病回復者協会会長のバルガバサリ・ナルサッパ（46歳）は、天皇皇后と会見したときのことを、こう述べています。「本日、私たちが経験したことは、信じられないものでした。家族さえしたことがないのに、両陛下は私と握手してくださいました。私は9歳のときにハンセン病と診断され、家族や村から追われて、つらい生活を送ってきました。きょうは、これまでの苦労が吹き飛んだ気がします[*8]」

また、これまでに少なくとも一度、明仁天皇は自身の生命を脅かされる病気とかかわりながらも、社会福祉の分野で価値ある役割を果たしました。２００２年12月に前立腺がんと診断された直後、天皇は医師団にこれを公表するよう求め、それによって皇室にまとわりつくタブーを取り除いたのです。医師団もがん除去の手術経過をすみやかに公表しました。

明仁天皇みずから、前立腺がんと闘っていることを明らかにしたことで、多くの男性がかかる病気に大きな関心がもたれることになったのです。早期に発見されれば、前立腺がんにかかっても、高い割合で治癒は可能です。*9 天皇が自身の健康状態を率直に公表することは、多くの男性が早期に病気の検査と治療を受けることをうながすことになったかもしれません。

明仁天皇と美智子皇后は、みずから寛容さをみせることによって、異質な人への社会全般の寛容さをうながしているとみるべきでしょう。とはいえ、夫妻は社会の辺境で生きている人びと全員に手を差し伸ばすわけにはいきません。

たとえば、現在の天皇皇后夫妻は社会福祉施設を数多く訪れていますが、精神疾患者の施設は含まれていません。もし将来、皇后になる雅子妃が精神疾患にみずからの関心をおよぼすなら、それは人びとを感動させることになるでしょう。つまり、彼女は精神疾患は恥ずかしいという感覚を除去し、病にかかった人に適切な専門的治療を求めるよう励ます役割を果たすことができるのです。

精神的な不調が自分にどれほど多くの問題をもたらしたかについて、彼女が詳細に説明してくれたなら、それはすごいことですが、それを求めるのは酷かもしれません。しかし、その発言はみずからの経験に裏づけられているだけに、この分野で彼女はきっと重要な役割を果たすことができるはずです。たとえば、イギリスのヘンリー（ハリー）王子は、時折、自身の精神的健康問題について、かなり率直に語ってきました。

日本の天皇皇后夫妻は、年上のエリザベス2世が20年ほど前に約束したようにLGBTの権利擁護という理念をかかげているわけではありません。エリザベス2世は2017年の議会開会演説で、こう述べています。「わが政府は、男女の賃金格差や、人種や宗教、ジェンダー、障害、性的指向にもとづく差別に取り組むため、いっそう前進していきます[*10]」

しかし、日本ではLGBTにたいする受容は、イギリスを含む西欧諸国より全般的に遅れています。その理由は天皇皇后夫妻がこの問題に取り組んでこなかったという面もあるかもしれません。現在の徳仁皇太子と雅子妃がLGBTの権利にかかわるかどうかは、日本社会全体でこの問題がどう進展していくかにかかっているでしょう。

平成時代を理解する鍵は「行動性」

明仁天皇と美智子皇后があらゆる社会問題を取りあげるわけにはいかなかったにせよ、

夫妻が地理的に辺境の場所（たとえば離島）に定期的に足を延ばそうと努めていることについては、まず反対する者はいませんでした。実際、明仁天皇は２０１６年にテレビ放送されたビデオメッセージで、なぜ自分が退位するかを述べたさいに、こうした訪問についてもはっきり語っています。

　私が天皇の位についてから、ほぼ28年、この間《かん》私は、我が国における多くの喜びの時、また悲しみの時を、人々と共に過ごして来ました。私はこれまで天皇の務めとして、何よりもまず国民の安寧と幸せを祈ることを大切に考えて来ましたが、同時に事にあたっては、時として人々の傍らに立ち、その声に耳を傾け、思いに寄り添うことも大切なことと考えて来ました。……こうした意味において、日本の各地、とりわけ遠隔の地や島々への旅も、私は天皇の象徴的行為として、大切なものと感じて来ました。

ここで理解しておかなければならないのは、近代において、いくつかの王室は、民主政体のもと、統治する王室から君臨する王室へと進化してきたということです。イギリスの著名な歴史家、デイビッド・キャナダインによると、現在のイギリス王室をうまくあらわす表現は「行動性」だといいます。このことがいかに最近の出来事であるかについて、彼はこう書いています。「どの平日でも、多くの王族が国じゅうの町や市で公務に励んでいる姿を見かけるようになったのは、比較的最近の出来事であり、そして、それが広まったのは選挙権の拡張とほぼ連動している」*11

行動性という用語は、明仁天皇と美智子皇后、そして日本の皇族全体にあてはまります。明仁天皇御即位二十年奉祝中央式典の開会あいさつで、国会議員の平沼赳夫《たけお》は天皇がどれだけ地方を巡幸してきたかを述べています。「陛下は、平成19年末までに180回の地方巡幸をおこなわれました。全国四十七都道府県、国境離島を含めて514市町村をご訪問になり、奉迎者総数は約770万人に上ります。全国すべての都道府県をおめぐりになったのは、歴代天皇で初めてのことです」*12

平成時代を理解し、天皇皇后の目標を知るためには、ジャーナリストの井上亮が近著『象徴天皇の旅——平成に築かれた国民との絆』でおこなったように、二人によるさまざまな旅を分析することが必要です。[*13]

たとえば、明仁天皇は沖縄との精神的な絆を強め、国をより一体化することに並々ならぬ関心をいだいてきました。沖縄は地理的にみても、歴史的にみても、戦後期において四十七都道府県のなかでは、ずっと離れた位置にありました。そのため、二人はくり返し沖縄県を訪れ、沖縄の文化にも関心を示しました。

2018年3月に明仁天皇と美智子皇后は、11回目の沖縄訪問を実施しています。天皇が沖縄に関心を示すのは、のちに論じるように戦後に終結をもたらしたいという願いからです。

玉音放送以来のメッセージ

明仁天皇と美智子皇后は、自然災害によって突然大きな被害にあった人びとを慰め、励ます役割も担ってきました。明仁皇太子がはじめて被災地を訪れたのは結婚後の1959年10月のことで（美智子妃は妊娠中で、同行していません）、このときは台風の被害を受けた伊勢湾地域を訪れています。

しかし、被災者を慰め、励ます夫妻の役割が前面にでてくるのは、むしろ明仁天皇が即位してからでした。平成時代には火山噴火や台風、洪水、地震、そして何よりも2011年3月11日には巨大地震、大津波、原発事故が重なった東日本大震災が起きました。[*14]平成時代にはいると、天皇皇后夫妻が被災地を訪れる場面が写真に撮られるようになります。それをみれば、新天皇と皇后がいかに人びとと身近に接しているかがわかります。江藤淳が叱責したように、まさにひざをついて、人びとと話しているのです。

1991年には、天皇と皇后がひざをついて雲仙普賢岳噴火の被災者と接する様子が写真に撮られています。

1995年の阪神淡路大震災では6000人以上の人が亡くなりましたが、そのとき撮られた写真では、美智子皇后が被災者のひとりを抱きしめています。

2011年3月11日の東日本大震災による被害のさいも、天皇と皇后が気さくに多くの人のなかにはいっていくスタイルは変わりませんでした。しかし、そのあと、天皇が国民に向けたメッセージは、敗戦時の昭和天皇の玉音放送以来の重要なものとなりました。

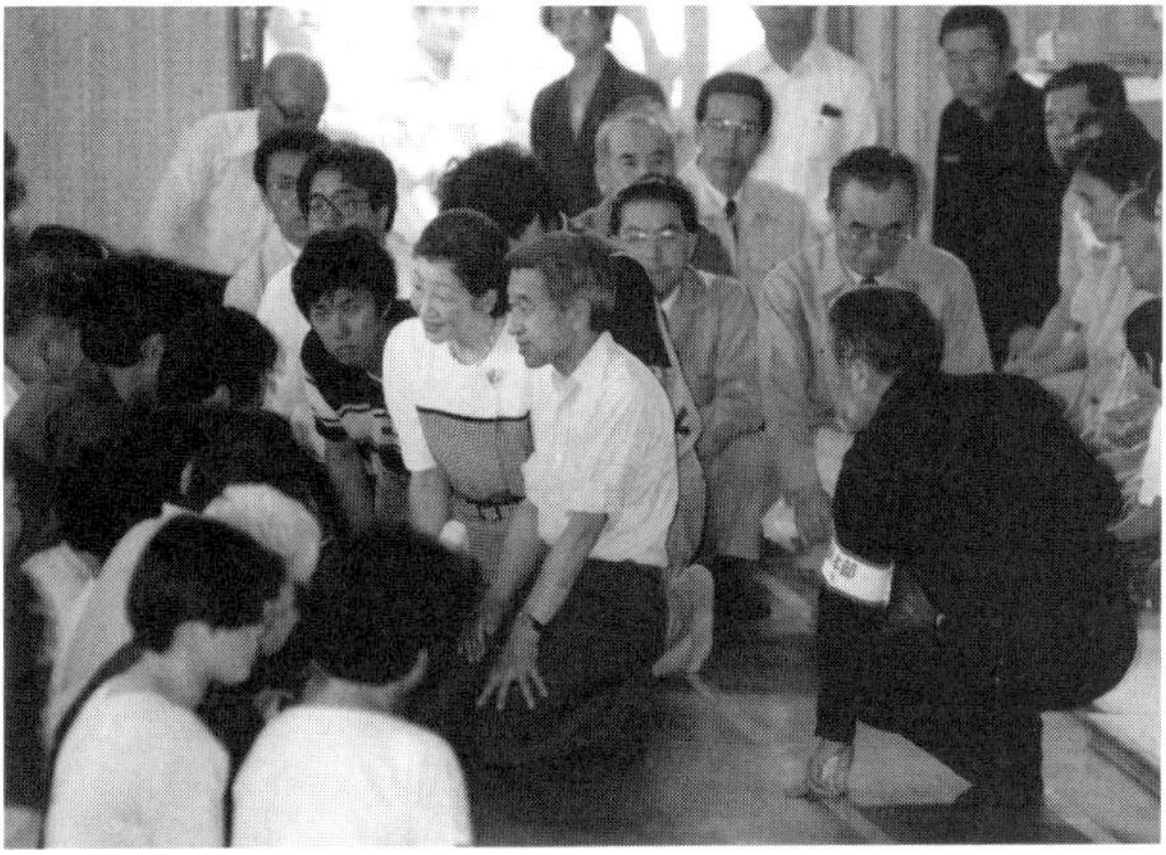

1991年７月、長崎県島原市の雲仙普賢岳噴火による避難住民を見舞う天皇、皇后

明仁天皇のことばには、感動的かつ説得的な内容が含まれています。

海外においては、この深い悲しみの中で、日本人が、取り乱すことなく助け合い、秩序ある対応を示していることに触れた論調も多いと聞いています。これからも皆が相携え、いたわり合って、この不幸な時期を乗り越えることを衷《ちゅうしん》心より願っています。

天皇皇后夫妻が、災害後に被災者を慰め、励ますのは、いまや恒例で、いわば伝統になりつつあるかのようです。そのため、現在の徳仁皇太子と雅子妃が、次の在位中にこの「伝統」をふいにやめるとは、とても考えられないのです。

帝国の時代を清算し、戦後を終わらせる

たいていの日本人は、よく戦後という言い方をあたりまえのように使っていて、それがどれほど奇妙なことなのかを、立ち止まって考えもしないようです。戦争が終わってから75年近くたっています。それなのに、日本では戦後ということばがいまでもごくふつうに用いられているのです。

即位したとき、明仁天皇は帝国の時代（1868－1945）が残した傷跡をいやし、それによって戦後を終わらせたいという希望をもっているようにみえました。

平成時代の天皇の事績を評価するのは、なかなかむずかしいことです。明仁天皇が（あるいはほかの誰でも）、たとえば日中間の亀裂を修復するのは、あまりにたいへんなことなのです。なぜなら、こうした亀裂は日清、日中という二つの戦争がもたらしたものであり、19世紀後半から20世紀前半にかけての両国の抜き差しならぬ緊張によるもの

だからです。
しかし、それでも明仁天皇は、帝国の時代から残されたむずかしい問題に取り組もうとしてきました。即位から16カ月しかたたないとき、天皇はそれまでどの日本政府代表もおこなわなかった、植民地時代の朝鮮にたいする率直な謝罪に踏みこみました。
韓国の盧泰愚《ノテウ》大統領を迎えた晩餐会で、明仁天皇はこう強調したのです。

朝鮮半島と我が国は、古来、最も近い隣人として、密接な交流を行ってきました。……しかしながら、このような朝鮮半島と我が国との長く豊かな交流の歴史を振り返るとき、昭和天皇が「今世紀の一時期において、両国の間に不幸な過去が存したことは誠に遺憾であり、再び繰り返されてはならない」と述べられたことを思い起こします。我が国によってもたらされたこの不幸な時期に、貴国の人々が味わわれた苦しみを思い、私は痛惜の念を禁じえません。

これは日本の帝国の時代にからむ国内外のさまざまな負の遺産と真剣に向きあおうと

する新天皇の意欲を示す最初の徴候でした。明仁天皇によるこうした努力は平成時代の主要テーマとなります。これを公務の中心にしようとしたのは、明仁天皇本人にほかなりません。

さらにこの先の2018年まで時間を進めると、慰安婦問題でみられるように、日韓の歴史問題は天皇即位時よりも解決がむずかしくなっているように思えます。両国間で本格的な和解ができない理由は複雑であり、どちらが悪いというだけでは片づきません。

韓国（そして北朝鮮）の観察者は、たとえば、韓国でも北朝鮮でも、反日ナショナリズムが、いまでも国の統一に寄与しているので、それをやめられないといいます。そのため、きちんとした謝罪を得るために、日本側がはっきり何をするかという、もっともらしい問題をもちだすというわけです。

しかし、興味深いことに、和解をもたらそうとする明仁天皇自身の努力は、韓国で知られていないわけではありません。

実現しない積年の希望

私は東京大学で博士課程を修了しようとしている韓国人の南衣映《ナムウィヨン》に、韓国のメディアが、退位の日が近づいている明仁天皇をどのように評価したかを調べてもらいました。それによると、韓国のメディアは右から左まで政治的に幅広いにもかかわらず、彼女自身も驚いたように、こぞって明仁天皇に敬意をいだいていたのです。

韓国のマスメディアはくり返し、明仁天皇の平和への取り組みや、１９９０年の盧泰愚大統領へのことばにみられた植民地時代についての「痛惜の念」発言、それに「桓武《かんむ》天皇の生母が百済《くだら》の武寧王《ぶねいおう》の子孫である」と述べた２００１年12月の発言（これについては後述）など、全般的に韓国にたいする友好的な見方を称賛していたのです。

しかしながら、韓国を訪問したいという明仁天皇の長年にわたる希望は、韓国側から公式に招待がなされているにもかかわらず、実現しないでしょう。このことは、日韓関係では、とりわけ韓国人にとって過去の痕跡が「つきまとって離れない」ままだということを象徴しています。

同じように、明仁天皇の努力にもかかわらず、日中関係でも過去の問題がいまも重くのしかかっています。１９９２年10月に中国を訪れたさい、明仁天皇は中国への謝罪をおこないました。中国と日本の長きにわたる交流にふれながら、明仁天皇はこう述べています。

この両国の関係の永きにわたる歴史において、我が国が中国国民に対し多大の苦難を与えた不幸な一時期がありました。これは私の深く悲しみとするところであります。

明仁天皇は帝国日本の攻撃的拡張主義によって近隣諸国に与えた傷をいやす役割を果たしたのです。

しかし、天皇がこう言及してから25年のうちに、南京大虐殺から恐るべき細菌戦、731部隊による人体実験にいたるまで、さまざまな歴史問題で日中関係は紛糾しつづけます。中国でも、何もかもごたまぜにした反日ナショナリズムが巻き起こり、それを、いまや社会主義革命路線を捨てて新たな正統性を求める中国共産党が切り捨てられない状況になっています。

ちなみに、中国のマスメディアは自由な報道ができないため、私はわざわざ明仁天皇がメディアでどのようにとらえられているかを調べてもらう必要もありませんでした。中国の報道は、公式プロパガンダの域をでないからです。

記憶しなければならない四つのこと

明仁天皇と美智子皇后は、帝国の時代の傷跡、中国以外の国との戦争、日本国内の犠牲についても言及しようと努めており、それはずっと大きな成功を収めてきました。天皇の目指した目標に関していうと、即位以前も明仁天皇は、戦争で亡くなった人を忘れないようにすることの重要性を語っていました。

1981年8月7日、当時皇太子の明仁は、記者会見の席で、きたる8月15日の終戦記念日の重要性について述べています。こうした戦争はくり返してはならないと自分の見解を力強く述べたあと、「日本では、どうしても記憶しなければならぬことが四つはあると思います」と話しています。*15

皇太子が挙げたのは、6月23日の沖縄戦終結の日と、8月6日の広島原爆の日、8月

9日の長崎原爆の日、そして8月15日の終戦記念日でした。そのうえで、「これらの日には黙とうをささげています。そして平和のありがたさをかみしめています」と述べたという趣旨のことが伝えられています。

平成の皇室のさまざまな動きをみれば、天皇皇后夫妻が戦死者を追悼し、広く戦争の傷跡をいやすよう努めることが、この30年来すっかり恒例になっています。そのため、こうしたことは「伝統」であるかのように思えるほどです。そこで、昭和天皇はこうした分野では明仁天皇ほど努力しなかったと指摘しておくことが、とくに重要でしょう。

沖縄への思い

明仁天皇と美智子皇后は1994年に硫黄島を訪れ、戦死者を追悼していますが、戦争犠牲者を記憶することがいかにだいじかを天皇皇后夫妻が明確に示したのは、おそらく1995年のことでした。

第2次世界大戦終結50年にあたるこの年、夫妻は長崎、広島、沖縄につづき、東京大空襲による犠牲者を祀る東京都慰霊堂を訪れ、死者を追悼しました。さらに8月15日の終戦記念日に、天皇は全国戦没者追悼式の短いあいさつのなかで、戦争の惨禍が再び繰り返されぬことを切に願う、と一歩踏みこんで、みずからの思いを述べたのでした。

東京をはじめ日本の諸都市への度重なる空襲、そして原爆はとてつもなく恐ろしいものでした。しかし、沖縄の悲劇には、日本の近現代史のなかで、沖縄県の経験だけが、大きな点で、ほかの地域と異なっていることを思い起こさせる側面があります。

1975年に初めて沖縄を訪問したとき、当時の明仁皇太子に火炎瓶が投げられるという事件が発生しましたが、その年の誕生日の記者会見で、皇太子は「沖縄の歴史は心の痛む歴史であり、日本人全体がそれを直視していくことが大事です。避けてはいけない」と語っています。*16

戦後日本においても、天皇は含みのある表現で語るのが通例でした。明仁天皇はおそらく沖縄の歴史を詳細に知っており、1975年の発言では詳しく触れていないにせよ、その歴史をよく勉強していることはたしかです。

そうした詳細のなかには、日本で唯一地上戦が戦われた沖縄戦では、およそ16万人の民間人が死亡し、そのなかには日本軍によって殺害された者もいることも含まれていたでしょう。軍人のなかには、方言を話す沖縄人をアメリカのスパイではないかと疑う者もいたのです。日本軍による沖縄民間人の殺害は、愛国的な日本人にとってはとくに認めたくない歴史の断片です。というのも、それは国民共同体の一体性という観念を根本的におびやかすものだからです。

そのうえ、昭和天皇が敗戦後、沖縄を除いて日本が独立を回復したあとも、アメリカが沖縄の占領を継続するよう積極的にはたらきかけていたという、信頼できる証拠もあります。昭和天皇によるこうした外交への干渉は、沖縄が戦後なお犠牲を払ったのに、それでも本土との紐帯《ちゅうたい》を感じなければならないのかという疑問を沖縄人にいだかせました。

沖縄が経験した疎外感に率直にふれた発言で、明仁皇太子は三度目に沖縄県を訪れた1983年に「沖縄県民が、皆、復帰してよかったと思えることを願わずにはいられません」と、みずからの希望を語っています。[*17]

天皇皇后夫妻は、沖縄をひとつの国民共同体に全面的に統合するには、どれだけの苦労が必要かを理解していました。彼らが何度も沖縄を訪れたのはそのためでしょう。

戦争の恐ろしさを伝える

戦死者を追悼し、遺族を慰める努力は海外にも向けられました。戦後60年の2005年に、天皇皇后夫妻はアメリカ領サイパンを訪れ、戦死者を弔っています。サイパンはいまでこそ日本人旅行者に人気の場所ですが、日本軍とアメリカ軍が死闘をくり広げた場所でもあります。日本側は2万9000人が戦死し、生存者はほとんどいませんでした。補給を断たれた日本軍の残存兵3000人ほどは、ほとんどが餓死するか、アメリカ軍の前線に自滅的なバンザイ突撃を仕掛けました［ほかに民間人が8000人から1万人死亡したとされる］。

サイパン滞在中、天皇皇后夫妻は途中でスケジュールを変更し、強制徴用された韓国人の慰霊碑にも立ち寄りました。これもまた戦後を包括的に終わらせようとする明仁天皇の努力を象徴する意思表示でした。

いまでは2016年8月の退位発言以前から、明仁天皇が退位について考えていたことがわかっています。退位問題はさておき、明仁天皇はこの5年ほどのあいだ、天皇としての活動期がそろそろ終わりに近づいていると感じていたのでしょう。このことが、周囲の社会的、政治的な動きとあいまって、天皇にある決意を固めさせたようにみえます。

天皇は、できるだけ常に戦死者を悼み、生きている人びとに戦争の恐ろしさを思い起こさせようと思っていました。戦争の恐ろしさを伝えるというテーマのなかには、日本には多くの災難をもたらした大きな責任があることを国民に思い起こさせることも含まれていました。

安倍首相との好対照

2015年に明仁天皇は、戦争犠牲者に注意を払うという仕事を終えたかのようにみえました。この年4月、夫妻は戦死者（両方の側の）を追悼するため、パラオを訪問しました（海外慰霊の旅としては二度目）。パラオでは日米両軍のあいだで激烈な戦争がくり広げられ、約1万人の日本人と、約1700人のアメリカ人が戦死しました。パラオ訪問中、天皇はくり返し、戦死者についてふれ、このような悲しい歴史を「決して忘れてはならない」と述べています。

さらに、この年8月15日の戦没者追悼式で、明仁天皇は恒例のことばを強い表現に換えて、こう述べています（そのキーとなる部分を傍点で示しました）。

ここに過去を顧み、さきの大戦に対する深い反省と共に、今後、戦争の惨禍が再び繰り返されぬことを切に願い、全国民と共に、戦陣に散り戦禍に倒れた人々に対し、心からなる追悼の意を表し、世界の平和と我が国の一層の発展を祈ります。

2015年には、明仁天皇は、すでに戦争の恐ろしさについての記憶が国民のあいだで徐々に薄れていることに懸念をいだくようになっていました。そのため、12月23日の誕生日定例記者会見では「年々、戦争を知らない世代が増加していきますが、先の戦争のことを十分に知り、考えを深めていくことが日本の将来にとって極めて大切なことと思います」と述べています。[*18]

天皇が、引きつづき戦争の悲劇を忘れぬよう主張していること、天皇皇后夫妻が20

16年にフィリピン、2017年にベトナムへの訪問をつづけていること、2018年の天皇としては最後になる戦没者追悼式でも「深い反省」ということばを述べていることと、これらのことは安倍晋三首相が戦争を遠い過去に追いやり、日本の責任の大きさを曖昧にしようとしているのと好対照をなしています。安倍首相は、戦争へのはてしない言及と、日本が特別の責任を負わなければならないことをうるさく感じ、みずからの努力を「日本をふたたび偉大にする」ことに傾けようとしているようにみえます。

安易な熱情的国家主義をたしなめる

宮内庁のホームページで「皇室に伝わる文化」という項をみると、皇室がいかに日本文化の擁護者であり担い手であり代表者であるかがわかります。皇室は歌会始《うたかいはじめ》から雅楽にいたる行事を主催するだけでなく、皇后が皇居内のちいさな建物で蚕《かいこ》を育てたり、宮内庁が正倉院に収められている宝物を管理したりするなどして、日本文化を守っているのです。皇室が文化面でこうした役割を担っていることは、とくに驚くべきことでもありません。

注目に値するのは、明仁天皇と美智子皇后が、国民が有する、とにかく日本はすばらしいという、もっともな自慢にさほどくみしていないことです。日本のすぐれた農産物といった、ごく通常の文化への自慢も抑えています。

むしろ目立つのは、天皇と皇后が国際協調主義と調和しない国家自慢に手を貸すのをはっきり辞退してきたことです。おそらく、天皇皇后夫妻の国際協調主義がはっきりと発揮されるのは、二人での数多くの海外訪問においてでしょう。こうした訪問の前後、あるいは最中も、夫妻は外国文化や世界の歴史にたいし深い関心を寄せています。

しかし、少なくとも二度、明仁天皇は、戦後の右翼、あるいは最近の安倍政権とその取り巻きが推進する、安易な熱情的国家主義のたぐいを直接たしなめる力強いことばを表明しています。

2002年に日本と韓国は、共催したサッカーワールドカップを成功に導きました。これは両国が過去の解釈をめぐって対立していても、いざとなれば、ともにうまくやっていけることを示しています。

2001年12月23日の誕生日記者会見で、ワールドカップ共催に先立ち、明仁天皇は、韓国にたいする気持ち（それとなく日韓関係への思い）を聞かれ、画期的な答え方をしています。

その質問はありふれていて、次のようなものでした。

「世界的なイベントであるサッカーのワールドカップが来年、日本と韓国の共同開催で行われます。開催が近づくにつれ、両国の市民レベルの交流も活発化していますが、歴史的、地理的にも近い国である韓国に対し、陛下が持っておられる関心、思いなどをお聞かせください」

こうした質問は、実際の記者会見に先立って提出され、天皇は答えのメモを用意して、質問に答えるかたちをとっています。あたりさわりのない外交的な発言にとどめることによって、問題がおきないようにしているのです。それでも、その答えは全文紹介するに値します。

日本と韓国との人々の間には、古くから深い交流があったことは、日本書紀などに詳しく記されています。韓国から移住した人々や、招へいされた人々によって、様々な文化や技術が伝えられました。宮内庁楽部の楽師の中には、当時の移住者の子孫で、代々楽師を務め、今も折々に雅楽を演奏している人があります。こうした文化や技術が、日本の人々の熱意と韓国の人々の友好的態度によって日本にもたらされたことは、幸いなことだったと思います。日本のその後の発展に、大きく寄与したことと思っています。私自身としては、桓武天皇の生母が百済の武寧王の子孫であると、続日本紀《しょくにほんぎ》に記されていることに、韓国とのゆかりを感じています。武寧王は日本との関係が深く、この時以来、日本に五経博士が代々招へいされるようになりました。また、武寧王の子、聖明王《せいめいおう》は、日本に仏教を伝えたことで知られております。

しかし、残念なことに、韓国との交流は、このような交流ばかりではありませんでした。このことを、私どもは忘れてはならないと思います。

ワールドカップを控え、両国民の交流が盛んになってきていますが、それが良い方向に向かうためには、両国の人々が、それぞれの国が歩んできた道を、個々の出来事において正確に知ることに努め、個人個人として、互いの立場を理解していくことが大切と考えます。ワールドカップが両国民の協力により滞りなく行われ、このことを通して、両国民の間に理解と信頼感が深まることを願っております。*19

明仁天皇が「韓国とのゆかり」を感じていると表明したのは、桓武天皇（737−806年、在位781−806年）の母が、朝鮮半島の政治的激変によって日本に亡命した王族を先祖にもっていたからです。しかし、天皇の発言が突然でてきたのは、近代において、日本が韓国を虐待したという文脈においてであり、このことについても、明仁天皇はみずからの発言のなかではっきりと述べています。

さらに天皇の言及は「純血日本民族」というテーゼを掘り崩すことになりました。日本では皇統に韓国人の血が混じっているというと、（いまでも）いろいろ取りざたされます。万世一系は男子の血統の優越性を強調するものですが、万世一系思想の信奉者は、韓国人といってもそれは女性の血であり、その影響はほとんどないと強弁します。

しかし、人の血にちがいはないのです。

宮中の戦略と公式発言

2002年にインタビューを受けた19歳のある女子学生は、桓武天皇に韓国人の血が混じっているという天皇の発言を聞いて、こう述べています。「陛下の言われたことを聞いてびっくりしました。皇室の血筋は純粋の日本人ではないことになるんですから」

戦前の植民地時代(1910-1945年)、日本人が(朝鮮人女性を慰安婦として扱ったことを含め)朝鮮人にたいしてひどい扱いをしたのは、多分にみずからを優越人種とみなし、朝鮮人(や他のアジア人)を劣等とする考えをいだいていたためです。そのことを思いおこすと、天皇発言の意味はより明確になってきます。

実際、韓国の韓昇洙《ハンスンス》外交通商相も、公式に明仁天皇の発言を称賛し、両国関係の進展に資する重要な一歩だと述べたのでした。

宮内庁の高官は、天皇発言の真意に触れたがらず、とくに意図はなかったと主張しました。当時のある高官は匿名を前提に「陛下は実に科学的な方なので、ご自身が歴史的事実とお考えになったことを認められたにすぎないのです」と、私に話しました。

宮中の戦略のひとつは、さまざまな考えをもつ個人が、公式発言を含めて皇室の出来事をいかようにも解釈できるよう、あいまいなままにしておくというものです。しかし、宮内庁の高官が、明仁天皇はたまたまそうおっしゃっただけと述べても、この天皇発言を最右派の支持者が歓迎したはずはありません。

各種の世論調査では、常に国民の8割が天皇制の存続を支持しています。かといって日本人の大半が朝から晩まで皇室のことを気にかけているわけではありません。しかし、なかには日々天皇のことを念じている最右派の天皇主義者もいます。その代表が神社本庁です。神社本庁のような組織と皇室（および宮内庁）の関係はかなりぎくしゃくしていますが、だからといって、宮中はこうした頼りになる支持者とたもとを分かつつもりはありません。

最右派の世界観と異なる立場

最右派にとって重要なのは、血筋の問題、とりわけ純粋な日本民族と万世一系の男子皇統が現に存在しているという考え方なのです。最右派は（そして、この点に関しては、日本人の多くが）国民共同体の一員としての資格、少なくとも全面的な国籍を与えるのは、「日本人」に限るべきだと論じています。

しかし、日本がまさにいま人口減少問題という時限爆弾をかかえているために、日本の市民権を血統によって定めるという考え方は、あやうくなる一方です。しかし、それでもまだ根強さを保っています。明仁天皇の発言が、純粋な日本人という考え方を揺さぶったのはまちがいないでしょう。

最右派は皇室の権威を守ると自任していますが、皮肉なことに、明仁天皇は、さらなる発言によって、最右派の世界観とははっきり異なる立場をとっています。最右派は最近の安倍政権にもみられるように、日本の病状を治療するには、天皇中心の国家主義を大量に注入することが必要だと考えています。しかし、明仁天皇がこの立場に同調する気配はありません。

21世紀に入って最初の10年間、日本の政治家は、学校教育の現場に国家主義を導入することに精力を注いできました。少なくとも、この政策のひとりの発案者は、明仁天皇が自分の努力を支持してくれると勝手に思っていたようです。

2004年10月28日の園遊会で、東京都教育委員の米長邦雄は、明仁天皇に、自分は東京の公立学校で国旗を掲揚し、生徒に国歌を斉唱させる要請の実現に努力していると述べました。これにたいし、明仁天皇ははっきりと「強制でないことが望ましい」と応じました。このやりとりは映像に収められ、その後、テレビでも広く伝えられました。

当時の宮内庁長官も小泉純一郎首相も、天皇の発言は政治的なものではないと弁明しました。しかし、東京の公立学校に愛国心を押しつけようとする石原慎太郎東京都知事の姿勢に反対する人びとに、明仁天皇が同調していた可能性はほんとうになかったのでしょうか。

当時は、国旗や国歌に関し、日本全国の公立学校がどのような作法にしたがえばいいかをめぐって混乱がありました。こうした儀礼を要求する東京都の姿勢は、1989年以来、文部省［現在の文部科学省］が学校に求めていたあいまいな要請（けっして要求ではない）とは食いちがっているようにみえました。

おそらく中央と地方の政策で不協和音があり、いくぶん超国家主義に影響された政策が、さまざまな弊害をもたらしているとの証言もあったのでしょう。そのことが明仁天皇を動かし、人に国家主義を押しつけることに個人的な懸念を表明させることになったのかもしれません。とはいえ、この意見表明を、国旗をかかげたり国歌を斉唱したりするだけで日本の問題は解決すると確信する人びとを痛烈に批判したものと受け止めるのは無理があります。

もちろん、日本国憲法を尊重するなら、こうした発言により象徴としての天皇の地位は拡大解釈され、明確に政治とかかわっているのではないかということを検討しなければならないでしょう。

実際、歩きもし話しもする国の象徴が、完全に中立を保つのは不可能なことです。それでも中立性という理念はいかなる場合でも守られなければなりません。何らかの方向を示す天皇の発言や行動が、左右どちらかに傾くのは避けられないにしても、天皇と政治とのあいだに常に防火壁を置くことが、左右両勢力による天皇の政治利用を防ぐことになるのです。

あたかも左派の考えを支持するかのような明仁天皇の象徴としての行動と発言によって、左派は活気づきましたが、その一方で、左派は儀礼的行動を除いて天皇が政治過程に関与してはならないという憲法の規定を支持しているはずです。このことは左派にブーメランのように跳ね返ってきます。

一方、戦後憲法の制定後、天皇の公的役割を拡大する立場を支持していた保守派は、まさかこうした拡大された役割にもとづいて、1990年代に明仁天皇が近隣諸国に謝罪するなどとは思ってもいなかったのです。

ポピュリズムと移民排斥主義

憲法問題はともかくとして、次の問題を検討してみるのは興味深いことです。明仁天皇は、現在ヨーロッパやアメリカで流行しているポピュリズムが日本でも広がるのを抑えるブレーキ役を果たしているといえるでしょうか。

もちろんポピュリズムは大きなテーマです（はじめに言っておくと、ポピュリズムの定義は、明確に合意がなされているわけではありません）が、ここでそれを深く掘り下げるわけにもいきません。それでも私は、ヨーロッパやアメリカで荒れ狂い、さらにはグローバル・システム（つまり国際的な自由貿易システム）を揺り動かしているポピュリズムのたぐいから、なぜ日本が免れているかを、じっくり考えてみました。
多くのヨーロッパ諸国やアメリカで定着しているポピュリズムについて分析すると、各国のポピュリズムで中心となっている原動力は、移民排斥主義だということができます。

日本の場合は、なぜ移民排斥主義的なポピュリズムの波を免れているのでしょう。それを説明するには、多くの重要な要因を挙げることができます。ひとつは、日本がそもそも移民にたいし門戸を開いていないことです。したがって、現在の日本にはポピュリストが怒りをぶつけやすいターゲットが存在しないのです。

もちろん、このことは、日本が移民受け入れに付随するメリットを受け取っていないことを意味します。私は明仁天皇がポピュリズムにたいするブレーキ役を果たしていることをあまり強調しすぎないよう、とくに注意したいと思います。もし、彼が実際にこの役割を果たしているとすれば、それはヤン＝ヴェルナー・ミュラーのいうようなポピュリズムの災難から日本が逃れることができている多くの要因のひとつとしてです。[*20]

すべての日本人が覚えておくべきことは、皇室がかつてはとりわけ悪質な自国優位主義のために利用されていたことです。そして、これからも不愉快な移民排斥主義に利用されかねないことです。

実際、戦後においては、皇位を国粋的な象徴にしようとする個人や団体の動きもありました。しかし、平成時代には、こうした動きは、たちまち水泡に帰しました。そのバリアとなったのが天皇であり皇后なのでした。二人はくり返し、移民排斥主義に嫌悪を示し、国際協調主義を支持しているのです。

美智子皇后の公的役割

近現代において、美智子皇后ほど大きな公的役割を果たした皇后はこれまで存在しませんでした。実際、彼女が日本を超えて海外にも公的役割を拡張したことを考えれば、近現代でこれほど活躍した皇后はいなかったといえるかもしれません。

日本の皇室が全面にわたって「行動性」をもつようになったことも、美智子皇后が活躍することになった理由のひとつです。それは国民の総意に依存する象徴天皇制に求められたものですが、美智子皇后がさらに公的役割を際立たせるすぐれた能力を発揮したことも事実です。

1998年にインドのニューデリーで開かれた国際児童図書評議会（IBBY）の大会で、美智子皇后はビデオ講演をおこない、子どものころに読んだ本の思い出を語りました。これにより彼女の公的役割がいかに重要になってきたかが示されました。

評議会は設立50周年を記念して、2002年にスイスのバーゼルでIBBY大会を開きました。このとき皇后は単独でスイスを訪問し、祝辞を述べましたが、これにより彼女の役割にたいする評価はいっそう高まりました。

美智子皇后が世代の産物であることはたしかです。彼女は当時、良妻を育成するのにふさわしい科目とされた英文学を専攻しました。たしかに彼女が児童文学に焦点をあて、夫のサポート役に徹することを決意しているのをみて、日本のフェミニストのなかには、失望する人もいます。

それでも、皇后の広げた役割は認めなければなりません。彼女はほとんど常に明仁天皇のそばにいて、その目標《アジェンダ》を強化しているのです。実際、美智子皇后の役割は突出しているので、平成時代が終わりに近づくにつれて、皇室の将来について、次のような問いがでるのもやむをえないでしょう。

「美智子皇后が果たしてきた公的役割のようなものを果たせそうもない人（雅子妃）が皇后になると、皇室はうまく機能するだろうか」

皇室を取材してきたジャーナリストは、美智子皇后の発言能力だけでなく、人への配慮、とりわけ社会的弱者への共感を指摘します。実際、この力こそが彼女の影響力を強くしているものなのです。

心を動かす一節

日本全国で、とくに災害を経験した地域では、美智子皇后が地元の人たちを慰め、励ますために残した歌碑を見ることができます。明仁天皇はとりわけ戦争の傷をいやすことに格別の重要性を感じていますが、これは天皇皇后夫妻が社会的弱者に手を差し伸べる場合でも同じです。そのとき、美智子皇后は天皇の対等のパートナーとして活動しています。ある面で、二人の目標《アジェンダ》は、実質上、皇后によって推進され形づくられてきたのではないかと考えてもよいのではないでしょうか。

人びとが置かれた状況にたいする彼女の共感は、［1998年の］IBBY大会のビデオ講演をみても明らかです。そのときの心動かす一節は全文引用する価値があります。

読書は私に、悲しみや喜びにつき、思い巡らす機会を与えてくれました。本の中には、さまざまな悲しみが描かれており、私が、自分以外の人がどれほどに深くものを感じ、どれだけ多く傷ついているかを気づかされたのは、本を読むことによってでした。

自分とは比較にならぬ多くの苦しみ、悲しみを経ている子供達の存在を思いますと、私は、自分の恵まれ、保護されていた子供時代に、なお悲しみはあったということを控えるべきかもしれません。しかしどのような生にも悲しみはあり、一人一人の子供の涙には、それなりの重さがあります。私が、自分の小さな悲しみの中で、本の中に喜びを見出せたことは恩恵でした。本の中で人生の悲しみを知ることは、自分の人生に幾ばくかの厚みを加え、他者への思いを深めますが、本の中で、過去現在の作家の創作の源となった喜びに触れることは、読む者に生きる喜びを与え、失意の時に生きようとする希望を取り戻させ、再び飛翔する翼をととのえさせます。悲しみの多いこの世を子供が生き続けるためには、悲しみに耐える心が養われると共に、喜びを敏感に感じとる心、又、喜びに向かって伸びようとする心が養われることが大切だと思います。

共感というテーマは2002年のIBBY大会でのスピーチをみても明らかです。彼女は子どものころの戦時中、本を読んだ経験をもとに、貧しい子どもたちや戦火のもとに置かれた子どもたちのことを忘れてはならないと語っています。

貧困をはじめとする経済的、社会的な要因により、本ばかりか文字からすら遠ざけられている子どもたちや、紛争の地で日々を不安の中に過ごす子どもたちが、あまりにも多いことに胸を塞《ふた》がれます。会員の少なからぬ方々が、このことにつきすでに思いをめぐらせ、行動されていることを知り、心強く感じております。私たちはこの子どもたちの上にただ涙をおとし、彼らを可哀想な子どもとしてのみ捉えてはならないでしょう。多くの悲しみや苦しみを知り、これを生き延びて来た子どもたちが、彼らの明日の社会を、新たな叡智《えいち》をもって導くことに希望をかけたいと思います。どうか困難を乗り切っている彼ら一人一人の内にひそむ大きな可能性を信じ、この子どもたちを、皆様方の視野に置き続けてください。

どちらの場合も美智子皇后は英語で話しています。1998年の演説はNHKでも放送され、そのふたつのテキストを収めた日本語版ものちに出版されました。こうした手段により、また一般のマスメディアが彼女のふたつの講演を取りあげたことによって、多くの日本人はさらに美智子皇后の共感の大きさとコミュニケーション能力を知ることになりました。

本人の意向だったかどうかは別として、2002年に美智子皇后が単独でスイスを訪問し、そこで大きな公的役割を果たしたことは、日本の国の象徴は男性にしか務まらないという考え方に疑問を呈することになりました。

日本人はいつか内在する構造的問題を解決しなければなりません。現在の日本では、皇嗣《こうし》が減って将来の皇統維持が危ぶまれるようになっており、これを解決するには皇室典範を改正し、女性天皇を容認することが問われる状況になっているのです。そして、もしその決断が下されるとしたら、平成時代に美智子皇后が築いた刮目《かつもく》すべき公的役割が、変革の根拠となりうるでしょう。

＊1　山下晋司監修『天皇陛下100の言葉』（宝島社、2017）110ページ。
＊2　同34ページ。
＊3　同36ページ。
＊4　2002年8月26日、渡辺允侍従長は、宮内庁で2時間にわたり、現在の天皇制についてのさまざまな質問に丁寧に答えてくれた。
＊5　宮内庁編『道——天皇陛下　御即位十年記念記録集』（日本放送出版協会、1999）
＊6　『天皇陛下100の言葉』（前掲）88ページ。
＊7　天皇陛下御即位二十年奉祝委員会のホームページ「各界の取り組み」を参照。
＊8　ウェブサイト http://leprosy.jp/english/topics/1955/ による。ダイアナ妃もハンセン病患者に光をあて、1989年にインドネシアを訪れたときのことが新聞で大きく取りあげられている。インドネシアの病院を訪れたとき、彼女は多くの子どもたちを含む患者と握手し、この病気にまつわる汚

名を軽減することに貢献したのだった。Sally Bedell Smith, *Prince Charles: The Passions and Paradoxes of an Improbable Life* (Random House, 2017), p.247を参照。

＊9 オレゴン州ポートランドにあるオレゴン医科大学で前立腺がんを研究するトマシュ・ビア博士は2003年8月21日のeメールで前立腺がんについての概要をざっと教えてくれた。アメリカの場合、前立腺がんにかかった有名人として知られているのはインテルの最高経営責任者アンドリュー・グローブで、彼は1996年5月13日号の『フォーチュン』に「前立腺がんの話」というタイトルで寄稿している。

＊10 エリザベス女王の演説を紹介したウェブサイトによる。

＊11 David Cannadine, "Monarchy: Crowns and Contexts, Thrones and Dominations," in Cannadine, *Making History Now and Then: Discoveries, Controversies and Explorations* (Palgrave MacMillan, 2008), p.52.

＊12 「天皇陛下御即位二十年奉祝委員会」のホームページによる。

＊13 井上亮『象徴天皇の旅――平成に築かれた国民との絆』（平凡社新書、2018）

＊14 天皇皇后夫妻による被災地訪問については、朝日新聞社会部著『祈りの旅――天皇皇后、被災地への思い』（朝日新聞出版、2018）を参照。

＊15 『天皇陛下100の言葉』120ページ。

＊16 同112ページ。

＊17　同122ページ。
＊18　同158ページ。
＊19　宮内庁のホームページによる。
＊20　Jan-Werner Müller, *What is Populism?* (University of Pennsylvania Press, 2016).邦訳はヤン＝ヴェルナー・ミュラー『ポピュリズムとは何か』（板橋拓己訳、岩波書店、2017）。

第3章　次代の皇室をめぐって

ハーバード大学講義Ⅲ

皇室の一夫一婦制

平成の皇室には、これまで分析してきた五つのテーマ［4ページ、49－50ページ参照］とは別の側面があります。

たとえば、雅子妃の闘病があったにもかかわらず、皇室は全般的にいまでもモデル・ファミリーというイメージをもたれています。これまで日本の皇室の結婚は、イギリス王室のように、品のないタブロイド紙の暴露記事によって引き裂かれたことはありません。セックス・スキャンダルのないことが、まじめな皇室のイメージに寄与しています。こうしたイメージが重要なのは、イメージが悪ければ、日本の納税者が皇室のために税金を払う気がなくなってしまうからです。

ここで少し立ち止まって考えてみることにしましょう。それは、これまでの伝統的な考え方と照らしあわせると、はたして皇室の一夫一婦制はどういう意味をもつかということです。

多くの人は伝統を維持すべきだという声を聞くとほっとします。しかし、それでも頭に入れておくべきことは、そもそも一夫一婦制という考え方は、日本の皇室の伝統とはかけ離れているということです。歴史をよく知る日本人は、冗談で、皇室の伝統を復元するには、宮中に大奥制度のようなものを復活しなければならないといいます（そうなれば、後継問題も解決できるでしょう）。しかし、宮中に大奥制度を復活するというのは、まるで江戸幕府の時代のようではありませんか。

一夫一婦制はいまでは皇室の結婚の中心的信条となっています。しかし、皇室に関しては、一夫一婦制が伝統だったわけではありません。日本の天皇のうち、いまでいう正室の皇后から生まれたのはおよそ半分にすぎません。最近の大正天皇も含め、そのほかの天皇は側室から生まれています。どんな犠牲を払っても皇室については伝統を守るべきだという声を聞くと、この例からも皇室の慣行がどれほど変化してきたかを日本人は知っておいてもよいでしょう。

帝国日本と移民

私がそれとなく指摘しておいたように、現在の天皇皇后夫妻の目標《アジェンダ》には、少なくとも

1997年、在留邦人、日系人歓迎行事の天皇、皇后。ブラジルの日本大使館前庭で（代表撮影）

ひとつの方向性があります。しかし、それでも私は、なぜ天皇と皇后が次の問題に興味をもっているかを理解することができます。

明仁《あきひと》天皇と美智子皇后は、とりわけ海外諸国を訪問中に、いまではさまざまな国（たとえばブラジル）に適応して、その国民となった海外の日本人と会ってきました。日系人への関心は、在位中、２０１６年のフィリピン訪問でも明らかになりましたが、それがはっきりあらわれたのは、20世紀に多くの日本人が移民となった、ブラジル（１９６７年、１９７８年、１９９７年）やその他の南北アメリカ大陸の国々の訪問においてでした。

さらに最近では、２０１８年６月に、秋篠宮と紀子妃が、日本人の移住１５０周年を記念してハワイを訪問し、その翌月には、眞子内親王がブラジル移住110周年を祝って、ブラジルを訪問しています。このことをみると、今後も皇室が日本人移民をないがしろにしないことは予測できます。

一見して皇室が日系人に格別の関心を払うのは、次のような事情を考えれば、当然かつ適切なことと思えます。

帝国日本の時代は、公的機関が日本人の海外移民を積極的に支援する動きがありました。こうした人びとが海外移住を決めたのは最終的にはみずから決断してのことでしたが、日本政府もその過程に大きく関与していました。したがって、戦後になって、海外の日本人をそのまま無視しているのは、天皇を含め政府の怠慢ではないかという意見がでてきます。何といっても、政府の計画は、ともかく日本から移民を送りだすという役割を果たしたのですから。

つけ加えていうと、こうした日本人移民は多くの困難に直面しました。移民には人種差別のような要素がつきものですが、試練はそれだけにとどまりませんでした。しかし、こうした困難にもかかわらず、日本人移民の多くが、さまざまな受け入れ国で成功を収め、その人口に不釣り合いなほどの社会貢献を果たしてきたのです。

そのひとつの例が、ブラジルの農業発展に寄与した日系人の活躍です。こうして、日系人は世界中のどこにいようと、しばしば受け入れ国と祖国との橋渡しをするようになったのです。彼らがそうした役割を果たすことができるようになったのは、日系人が受け入れ国と祖国、双方の言語や文化に通じていたからこそなのです。

最後に、皇室が海外の日系人に手を差し伸べようと努めていることを擁護するために、指摘しておきたいことがあります。こうした努力は、広くみれば、イギリス王室の努力とも対応しています。イギリス王室がイギリス連邦を構成する多くの国々といまも親密な関係を維持している理由のひとつは、そうした国々には、いまなおイギリス人の子孫が残っているためなのです。

さらにスペインのファン・カルロス国王も海外のスペイン系住民と意思疎通をはかっていました。１９７８年のファン・カルロス国王のメキシコ訪問について、伝記作家のポール・プレストンはこう書いています。

メキシコにおいて、ファン・カルロス国王は、内戦で深まった対立を維持しようとしたフランコの政策と、いっそう明確に一線を画した。スペイン内戦終結の直後、何千もの共和派の人びとはメキシコに亡命し、そこで生活するなかで、知的、芸術的、教育的、経済的な面で大きな貢献を果たした。ファン・カルロス国王と亡命者とのあいだに和解が成立したことは、国王が、スペイン共和国大統領・故マヌエル・アサーニャの妻ドロレス・リバス・シェリフにかけた次の丁重な言葉にもあらわれている。「あなたの夫とあなた自身は、私と同様、スペインの歴史の多くを形づくってきたのです」[*1]

ところで、なぜ私は天皇皇后夫妻が、海外日系人に特別な関心をもつことを取りあげようというのでしょう。私が懸念するのは、こうした関心が、日本の国民共同体に加わる資格は、けっきょくのところ人種（血統）にもとづくという考え方を補強することです。その一方で、日本には多くのマイノリティ・グループがいて、彼らはもし皇室から、より注目してもらえれば恩恵をこうむり、自分たちが人種的には「日本人」ではないという事実を克服できるのです。

この数十年間、私は自分の目で（かなり苦々しい思いで）、日本政府が、日系アメリカ人を日本ならびに日米関係のスポークスマンに仕立てあげようとしている動きをみてきました。その手段としてとられたのが、優秀な日系アメリカ人を日本への視察旅行に招くことでした（正式名称は「在米日系人リーダー使節団 Japanese American Leadership Delegation［JALD］」）。訪日中、日系アメリカ人たちは、日本のすばらしいところだけを吹きこまれ、日米関係の神聖さと不可侵性を教えこまれるのです。

人種にもとづくプログラム

訪日した日系人のなかには、祖先の国についても日米の微妙な関係についてもほとんど知らない人もいましたが、彼らはしばしば特別待遇を受けて大喜びしました（ビジネスクラスで、旅行費用も全部日本もちなのですから、嬉しくないはずがありません）。

帰途に着くさいには、それまで日本について何も知らなかった日系アメリカ人がとても物知りになっていました。しかし、かといって、彼らが日本と日米親善のスポークスマンになるよう、いつも求められたわけではありません。なんといっても彼らは日本人のようにみえるため、実際、アメリカ人のなかには、彼らが日本や日米関係について特別な知識をもっていると思いこんでしまう人もいます。これはとんでもない勘ちがいです。

こうした人種にもとづくプログラムは、21世紀でも通用するでしょうか。たとえばイスラエルでは、海外のユダヤ人とリンクする、とりわけ活発なプログラムがつくられているのは事実ですが、こうしたプログラムは、はたしてほかの国でも通用するものなのでしょうか。

ここ数十年、私は日本と韓国、中国の各政府がそれぞれ日系アメリカ人、韓国系アメリカ人、中国系アメリカ人を祖国のために取りこんでいるかどうかを観察してきました。やはり日本政府が海外の日系人を取りこんで、それでおしまいにはならないようです。中国政府と韓国政府は、この地域では日本の動きに対抗しています。それで何をしようとしているのでしょう。

実際、多くの韓国系アメリカ人と中国系アメリカ人が、反日のために動員されているのです（たとえば慰安婦像を設置するなどして、引きつづき帝国時代の日本の犯罪に注目を集めさせるとか）。

日系、韓国系、中国系のアメリカ人がまず第一にアメリカ人になることを考えるべきだとするなら、祖先の国のスポークスマンになるというのは、私にいわせれば、あまりに時代遅れです（むしろ、強調したいのは、日系、韓国系、中国系アメリカ人の多くは、祖先の国の宣伝屋になるのをあからさまに嫌うようになっているということです）。

血統と市民権では、どちらがより重要なのでしょう。具体的な例を挙げると、たとえばテニスの全米オープンで優勝した大坂なおみのような人は日本社会にどのように受け入れられるのでしょうか。それに加えて、祖先は日本人ではないけれど、日本を自分の祖国にしたいと思っている人の場合はどうなのでしょう。

アメリカのヨーロッパ系白人による有色人種にたいする人種差別主義の歴史をふり返りながら、ここで私はできるだけ謙虚に書いています。しかし、どれほど謙遜《けんそん》しても、アメリカが現在「白人中心政治」のけいれんを起こしていることを帳消しにすることはできません。最近になって、初の黒人大統領を経験し、さまざまな分野で進歩を遂げたにもかかわらず、アメリカでは、いまだに人種差別主義と自民族中心主義が大手をふっているのです。

それでも私自身は、国民共同体の成員資格は法的な市民権にもとづくという明白かつシンプルな考え方に賛成します。個人の人種や宗教、あるいはその他の要因は問題ではありません。国民共同体の成員資格は、該当国の基本的価値観の受容に結びついた（アメリカではみずから憲法を守ることを含みます）法的市民権にもとづくべきものであって、人種や先祖とのつながりによるものであってはならないのです。

ブラジルなどの場所で、信じがたいほどの試練を乗り越えて、成功を収めた日本人移民の物語は、まちがいなく感動的なものです。しかし、同じことは、日本にやってきて、差別を含む相当の困難を乗り越えている移民（たとえば韓国人や朝鮮人）についても言えます。彼らは日本で生計を立て、さまざまな面で受け入れ国に貢献しているのです。

マイノリティ・グループへの関心

日本には、先住民や移民のコミュニティがあり、国民共同体に全面的に受け入れられることを求めています。将来を展望すると、日本がもし移民に門戸を開かないなら、いまから2050年までのあいだに、人口がほぼ確実に20パーセント程度下落するという予測がでています。こうした悪い結果を受け入れたくなければ、日本は今後、国民共同体のなかにどんどん新しく来る人びとを統合していくという課題に直面せざるをえないのです。日本人にとっては、まさに、人種による国籍決定を見直さなければならない時期がきているのです。

今後、次期の天皇皇后は、現存するマイノリティだけではなく、日本にやってくる新たな移住者にも手を差し伸べ、そうした人びとに全面的な国籍を与えたり、少なくとも国内での仕事を与えたりすることを手助けする役割を果たすようになるかもしれません。それは、現在、海外の日系人に関心を向けていることと同じなのです。

海外の日系人はけっきょくのところ日本国民ではありません。彼らはたとえばブラジルやペルー、アメリカの国民なのです。ほとんど例外なく、日系人は歴史の現時点では、受け入れ国に統合され、そのなかで尊敬されるという方向を歩んでいます。これにたいし、日本ではまだ国民共同体に受け入れられていない人びとが数多くいます。彼らの受け入れを容易にするには、おそらく天皇や皇后、皇族の象徴的行為が必要になってくるでしょう。

次代の天皇と皇后は、海外の日系人だけではなく、日本の国民共同体への全面的統合を求めているマイノリティ・グループにも関心を向けるべきだ、と私は提案しました。それと同じく、現在の天皇皇后の目標《アジェンダ》には、さらに欠落しているものがあります。皇室の目標は、皇室で世代交代が生じるにつれて、再考されるべきものです。

皇室と自衛隊

いまは多くの日本人がごく当然と考えていますが、日本の皇室には、ほかの国の象徴君主制とは大きく異なり、欠けているものがあるのです。日本の皇室は自衛隊、はっきり言えば国防軍からほぼ切り離されていますが、これは他の象徴君主国では考えられないことです。これらの象徴君主国はたまたま同じ自由民主主義諸国に属していますが、その歴史は日本とは異なっています。

皇室が自衛隊から分離されていることを、読者がどう考えるか、それをいいことと考えるかそれともよくないことと考えるかは、政治的見解の相違にもとづくでしょう。

ひとりの歴史家として、私は敗戦後、昭和天皇と現在の皇室が概して戦争から距離を置くよう努力してきたことを知っていますし、それについても書いてきました。さらに、戦後、日本人の多くが民主主義は平和をともなうと思うようになったことについてもふれました（これはかなり重要な点なのですが、こうした規定の仕方は、まちがいなく日本特有のもので、ほかの自由民主主義諸国では、民主主義が平和をともなうなどとは考えられていません）。

もちろん平和の定義とそれを維持する方法については、それ自体、論議されてしかるべきです。絶対平和主義者は軍事力を限りなく削減することを求めるでしょう。その一方、平和支持者のなかには、平和を維持する唯一の道は、戦争に備えて敵にたいする抑止力を高めるほかないと論じる人もいるかもしれません。

いずれにせよ、はっきりしているのは、戦争終結後70年近く、皇室と自衛隊の関係はデリケートでありつづけたということです。しかし、皇室と自衛隊のあいだで交流がなかったわけではありません。それが際立ったのは、地震、津波、原発による三重の災害が発生した2011年に、天皇が国民に向け3月16日にメッセージを発したときのことです。天皇は、救助活動にあたったさまざまな機関のなかでも自衛隊をいちばんに挙げています。

自衛隊、警察、消防、海上保安庁を始めとする国や地方自治体の人々、諸外国から救援のために来日した人々、国内の様々な救援組織に属する人々が、余震の続く危険な状況の中で、日夜救援活動を進めている努力に感謝し、その労を深くねぎらいたく思います。

また、平成時代に天皇と皇后が皇居で自衛隊幹部らと定期的に会見し、国への奉仕にたいし、彼らに感謝し、その栄誉をたたえていることも事実です。

しかし、次のことを考えてみましょう。行動的な明仁天皇と美智子皇后は、日本列島のすみずみを巡り、その訪問先に足跡を残してきました。しかし、私の知るかぎり、こうした訪問先に通例、自衛隊基地は含まれていません。自衛隊員は国家のための仕事に多大な犠牲を払ってきました。それはとうぜん皇室が関心を払ってしかるべき公務です。

天皇はもはや軍隊を統帥《とうすい》するわけではありません。そして、歴史的な理由からしても、天皇がその地位をふたたび得るのは当面ありえないことです。したがって、たとえば天皇が自衛隊の基地を訪れたとしても、それによって戦前のような天皇による軍事視察を思いおこす必要はないのです。しかし、宮中はこうした問題については、いうまでもなく、ひじょうに慎重になっており、したがって、もし自衛隊が国の象徴から見捨てられたと感じたら、はたして責任をもって防衛にあたるかと心配する人もいるほどです。

平和を維持する唯一最良の方法

日本が軍事分野でどれほど特異なのかは、ヨーロッパの代表的な三つの象徴君主国と比較すれば明らかになってきます。

手はじめにスペインの場合をみてみましょう。ファン・カルロス前国王は、定期的に陸軍士官学校に通って高等軍事教育を受け、海軍学校と空軍学校でも学んでいました。軍と密接な関係をもつヨーロッパのほかの象徴君主の役割以上に、ファン・カルロス国王は軍とより個人的な結びつきを深め、そのことが、スペインが民主制に移行する不安定な時期に、軍を保持するうえで重要な意味をもちました。スペイン国王は憲法によって、軍の最高司令官と定められています。こうしてみれば、現在の国王フェリペ6世が、陸軍士官学校に通い、全般的な軍事訓練を受けているのも驚くべきことではないでしょう。

イギリスの国王も軍の最高司令官です。軍事訓練は王室の男子にとっては、教育の一環になっています（女王エリザベス2世も軍事分野での仕事を学んだように見受けられます）。ウィリアム王子もヘンリー（ハリー）王子も、サンドハースト陸軍王立士官学校を卒業し、父チャールズ皇太子と同様、その後も軍との強い紐帯《ちゅうたい》を保っています。

ほかのヨーロッパの象徴君主も、女王の場合でも、軍との関係をしっかり保つ傾向があります。デンマークのグンナー・レイスティコフは、こう書いています。

ヨーロッパの君主の伝統では、王族の男子は国防軍の将校になることを求められる。しかし、王位継承者が女性の場合はどうなるのか。マーガレット王女（197

2年以降、女王）は解決策を見つけた。彼女はイギリスの女性補助空軍（WAAF）[*2]に似た女性支援飛行隊（WAFC）に加わったのである。彼女は軍事訓練に参加し、さまざまな競技をおこない、柔術を学び、女王に即位したときにはデンマークのWAFCの少佐になっていた。[*3]

悠仁《ひさひと》親王が日本の防衛大学校で短期間研修を受ける（それが悪いわけではありません）とは考えにくいかもしれませんが、いま皇室が自衛隊を通して国に奉仕する人たちに常に関心をもつのは正しいことです。

おそらく、ここで私は自分の政治色をだしているのかもしれません。というのも私は、平和を維持する唯一最良の方法は、できるかぎり国家指導者にみずから戦争を発動させないようにしながら、戦争に備えることであると信じる側に立つようになったからです。とはいえ、民主主義によってさえ、指導者を抑制するのがとてもむずかしいことは認めないわけにはいきません。実際、民衆はしばしば戦争を叫ぶ指導者のもとに集結しがちなのです。

とはいえ、自衛隊員、とりわけ一般隊員がおこなっている仕事は、社会福祉分野の仕事とさほど変わらないか、それより地味なものです。日本の現代史をよく知るアウトサイダーとして、私はなぜ戦後、皇室がはじめから自衛隊と距離を置いてきたかを理解しています。しかし、いまの時点では、現在の天皇皇后夫妻が社会福祉に力を注いでいるのに比べ、自衛隊に最小限の関心しか払わないのが妙にアンバランスだと感じるようになっています。これは次代の天皇と皇后が再考すべき事柄でしょう。

国の一体感は保たれている

日本の皇室をほかの象徴的な王室と比較すると、現在の天皇皇后夫妻の目標《アジェンダ》はだいたいが歓迎すべきものだとはいえ、そこにはいくつか欠けているものがあります。たとえば、スペインとベルギーの王室には、地域的、言語的にそれぞれ大きなちがいのある領域を、ひとつの国としてまとめるという役割があります。

プレストンはフアン・カルロス国王について、こう書いています。

1980年代にスペインは、半封建的国家からいわゆる自治国家へと進化したと思われる。これは国王にとって重要な意味をもっていた。国王は憲法上、スペインの「統合と永続性の象徴」とされており、そのことをきわめて真剣に受け止めていた。彼はスペインが一体性を保ちながらも多元的で多文化的でありつづけるという理念を洗練し、普及するために、懸命に働いていた。*4

日本は一部の評論家がいうほど均質な国ではありませんが、それでも幸いなことに、地域的にも言語的にも文化的にも独立傾向が抑えられ、いちおうの統一が保たれていますす。沖縄の場合でも、スペインがいまも直面している地域の独立傾向はまだ少ないといえます。

いまのスペインの遠心力は、うまくいかなかったとはいえ、最近、カタルーニャでショッキングな独立騒ぎがあったことをみてもわかります。ベルギーでも三つの異なる言語地域があり、これをひとつにまとめるのは、なかなかやっかいです。これに比べれば、日本では分離傾向はさほど強くなく、国の一体感は保たれているといえるでしょう。

次の天皇皇后への期待

ここまで、明仁天皇と美智子皇后が、注目すべき手法で、皇位にみずからの足跡を刻んできたことをみてきました。次の天皇、皇后になる徳仁《なるひと》皇太子と雅子皇太子妃も同じように足跡を刻むことになるでしょう。

たとえば、左派と右派の日本人がいて、どちらも次の天皇が靖国神社にどう対応しようとしているかに、きわめて強い関心をいだいていると想定してみましょう。昭和天皇はA級戦犯が合祀されることになった1978年以来、そのことを理由に靖国参拝をとりやめ［最後に参拝したのは1975年］、それ以来、明仁天皇も参拝を避けています。新天皇は、はたして、その流れを断ち切って、ふたたび靖国を参拝することになるでしょうか。

私たちは皇太子時代の明仁天皇の記者会見での発言をふり返り、彼がどの程度、自分の在位のあり方を見定めていたかを探ってみました。

このことから、とうぜん徳仁皇太子が記者会見でどう発言していたかをみていく必要があります。２０１８年2月に徳仁皇太子は「将来にわたり生じる日本社会の変化に応じて公務に対する社会の要請も変わってくることになると思いますし、そういった社会の新しい要請に応えていくことは大切なことであると考えております」と発言していました。

先ほど、新天皇と皇后は、現在の天皇、皇后とは異なる分野にも関心を寄せていくのではないかと想像しました。そのことをもう少し論じてみることにしましょう。

皇位継承者の学問

とはいえ、平成時代と次の時代は、昭和と平成よりも、基本的にはずっと連続性がみられると思います。その理由はきわめて単純です。昭和天皇は戦後、長期にわたって在位しましたが、にもかかわらず基本的に戦前の人であり、明治憲法に親しんでいました。これとは対照的に明仁天皇は、その形成期の大半を戦後体制のもとですごしました。そして徳仁皇太子もすべての年月を戦後体制のもとですごしています。

明仁天皇はかつて日本の皇位継承者の学問を「象徴学」と呼びました。そこからみても、いかに徳仁皇太子が戦後日本の産物であるかがわかります。次の時代も基本的には「国民主権下の憲法にもとづく象徴天皇制」がつづくことになるでしょう。

私がこれまで分析してきた、平成の皇室を特徴づける五つのテーマに関して、そのうちの四つは、それぞれ度合いがちがっても、次の時代も継続するにちがいありません。その四つとは次のものです。

（1）戦後体制の支持
（2）社会の周縁との距離をできるだけ縮めようとする努力
（3）戦後を終結させようとする努力
（4）国際協調主義に裏打ちされた日本の誇りを提示する活動

ひょっとしたら、私の見方は少数派にすぎないかもしれません。それでも私は、美智子皇后の活躍ぶりをしのぐのはむずかしいにせよ、雅子妃が活動的な皇后になって、多方面で活躍するという可能性を捨てきれないでいます。

こうしたテーマは引きつづき重要ですが、私たちは、次の新たなテーマを期待すべきでしょう。何はともあれ、明仁天皇と美智子皇后が重要と考えた公務をすべて引き受けたなら、次の天皇と皇后は、時代の新たな要請に応える、より大きな意味をもつ「象徴としての公務」を追加することができなくなってしまいます。

父親とちがい、徳仁皇太子は個人的な戦争の記憶をもっていません。さらにつけ加えて言うと、直接戦争を経験した日本人は、急速にいなくなりつつあります。徳仁皇太子が父親と同じような情熱をもって、戦争の傷をいやし、戦争の恐怖を思い起こさせるのは、無理な相談なのかもしれません。

たとえ新天皇がこの問題を父親と同様、重要なものとして扱ったとしても、戦争の記憶をもつ日本人はだんだん少なくなっていきます（次の時代にはほとんどゼロになる可能性もあります）。そうなるとこのテーマにたいする社会的反応も、まったくちがったものになってくるでしょう。

ジェンダーの役割

皇太子と皇太子妃の象徴としての姿は、皇位継承者問題と２００３年12月以来の皇太子妃の適応障害もあって、まだじゅうぶんなかたちをとるにはいたっていません。

皇太子妃はとりわけしっかりとしたポジティブなイメージを欠いています。最近はかなりの公務をこなせるほど健康は回復してきました。しかし、彼女が「象徴性」をもつようになるには、融通のきかない皇室の犠牲者とみられたり、元キャリア・ウーマンがいさぎよく皇室の責務を引き受けられずにめそめそしていると非難されたり、さらには皇室にふさわしいイメージを欠いているといった、これまでの印象を払拭《ふっしょく》せねばならないのです。

これとは対照的に、皇太子の象徴性にはいくつか興味深い点があります。ジェンダーの役割について考えてみましょう。ジェンダーといえば、男性の役割もある程度、文化的な期待によって形づくられるという証拠があるのに、評論家が概して女性にしか焦点をあてないのはまちがいです。

愛子内親王が2001年に生まれたとき、私ははたして宮内庁は皇太子がおしめを替えている写真を公表するだろうかと問いかける短いコメントを発表しました。それはありませんでした。とはいえ、徳仁皇太子は新たな父性をあらわす象徴として登場していたのです。

２００２年8月には、皇太子が愛子内親王を背負っている映像がニュースで流れました。そのあと、雅子妃にだっこされた愛子さまは皇太子の髪をつかみ、皇太子はほほえんでいます。

２００３年2月の記者会見で、皇太子はこう語っています。

国内でも広く母親の育児の負担の軽減についての議論がなされているようですけれども、父親もできるだけ育児に参加することは、母親の育児の負担を軽くすることのみならず、子供との触れ合いを深める上でもとても良いことだと思います。

日本では、女性差別がたしかに問題です。しかも、長いあいだ男が子育てをするのは「男らしくない」などと思われてきました。とくに、戦後世代の男たちは、「イクメン hands-on-father」になる余裕もなく、死ぬほどはたらいて、サラリーマンとして忙しく活動するのが「男らしい」などという意見に同調してきたのです。

そうなると、皇太子があきらかに子育てに直接参加する役割を果たしていることがもつ象徴的な重要性を過小評価するわけにはいかなくなります。ついでながら、イギリスの王位継承第3位にあたるジョージ王子が2013年7月に生まれたあと、はじめておしめを替えたウィリアム王子は、現代の父親としての役割を果たしたと注目されることになりました。

ジェンダーの話題をつづけると、女性のなかには雅子皇太子妃がエリート外交官としてのキャリアを断念して宮中にはいったにもかかわらず、1993年の結婚以来、めだった宮中改革もできていないことに失望する人もいます。

しかし、こうした要望は場ちがいなものです。組織上、皇嗣《こうし》を産めない皇太子妃は、宮中ではほとんど力をもてないからです。さらに適応障害は皇太子妃から宮中を動かしていく力を奪いました。

とはいえ、おぼえておくべきことは皇太子が結婚のとき約束したように、全力を挙げて彼女を守っているということです。日本では、こうしたサポート役は妻の仕事というのが当たり前とされていますが、その点でも徳仁皇太子は伝統的なジェンダーの役割を打ち破ろうとしています。

悠仁親王が学ぶ「象徴学」

２０１９年5月初めに、雅子皇太子妃は皇后になります。彼女には、まっさきに女性のジェンダーとしての役割をとらえ直すことに関心を向けてもらいたいと期待するのが正しいかどうかはわかりません。しかし、もし彼女がこの分野でちがいを出したいのなら、簡単にできることがひとつあります。

たとえば、日本人の女子生徒が数学や科学で何か大きな賞をとったなら、その授賞式に出席して、女性がアートだけではなく数学や科学でも能力を発揮できるのをたたえることもできるはずです。また専門職の女性たちと時々、昼食会をともにして、女性が家の外でもキャリアを積むのを応援することもできるでしょう。キャリア・ウーマンとしての自分の経験から、ほかにもできることはいろいろあるはずです。

彼女には大きなヒントが与えられています。それは、「弱者」に手を差し伸べるという役割に価値をみいだし、美智子皇后にとって、とりわけ重要であった分野を引き継ぐことです。

しかし、直近の問題として、あきらかにブレーキとなるのは、雅子妃と徳仁皇太子が皇嗣をもうけていないことです。悠仁親王の誕生以来、秋篠宮と紀子《きこ》妃は、いっそう脚光を浴びるようになりました。紀子妃は日本の保守派が喜ぶ女性の鑑《かがみ》、すなわち「良妻賢母」を代表しています。そして、彼女が将来の皇嗣を産んだことで、保守派の人びとはさぞかしほっとしていることでしょう。

悠仁親王は、伯父はいうまでもなくさまざまな人から「象徴学」を学ぶことになるでしょうが、秋篠宮と紀子妃こそ、悠仁親王が将来の皇位を築くうえで、大きな影響をおよぼすことはまちがいありません。この物語がどうくり広げられていくかが、現代日本の天皇制ではもっとも興味深い問題です。

生命を危機にさらす水問題

ところで、明仁天皇と美智子皇后による、おびただしい海外訪問を伝える報道に隠れて、しばしば忘れられている事実があります。それは、徳仁皇太子の国際経験は実際、父親よりもずっと豊富だということです。皇太子はオックスフォード大学のマートン・

カレッジで2年間学びました。同じように雅子妃もハーバードとオックスフォードの両大学で学んでいます。美智子皇后よりずっと国際的です。

皇太子の水問題への多岐にわたる関心は子どものころからのようで、オックスフォード大学での研究は、このテーマを国際的な広がりでとらえることに寄与しました。

水の問題は、いつも清潔な水に接している人にとっては、退屈なテーマにみえるかもしれません。しかし、日々、新鮮な水を得るのに苦労する世界中の何十億もの人びとにとっては、水は一大問題なのです。さらにいうと、たとえば降水量が少なかったり、逆に多すぎたりすれば、何十億もの人びとが生命の危機にさらされます。

少なくても（とりわけ新鮮な水）、逆に多すぎても困る水は、しばしば世界の貧困問題とつながっています（そして、それが戦争をもたらす要因にもなります）。日本では誰もが新鮮な水を飲むことができるし、ほとんどの人が食糧問題など心配しないでもいられるのです。それでも2018年はおそらく気候変動の影響があって、台風や洪水で、日本各地が大きな災害に見舞われました。

おそらく、こうしたことからも全世界で水問題がだいじだということを日本人はあらためて知ったのではないでしょうか。そのことを、皇太子は何十年も強調してきたのでした。

水問題に関心をもつ皇太子が脚光を浴びたのは、２００７年から２０１５年まで国連の「水と衛生に関する諮問委員会」の名誉総裁を務めたさいのことです。天皇に即位してからも、水問題は彼が関心を向ける分野のひとつでありつづけるでしょう。

明仁天皇は海外訪問や国賓・公賓の接待によって国際親善を果たし、たゆまず、平和を推進してきました。とはいえ、公平にみて、明仁天皇は国際レベルのテーマに取り組んだわけではありません。その点、イギリスのダイアナ妃は地雷撤去活動でみごとな活動をみせました。

徳仁皇太子は水問題を学術的に取りあげていますし、皇太子が世界的な課題として水に注目していることは、皇室の新たな出発点となるかもしれません。

チャールズ皇太子が抱える問題

日本人のなかには、徳仁皇太子が、時にあまりにも慎重で、もの柔らかな言葉づかいをし、皇太子としてはおとなしすぎるとみる人もいます。そうであるとすれば、ここで、大胆で意志強固なイギリスのチャールズ皇太子もそれなりの問題を抱えていることを紹介しておくのがいいかもしれません。

チャールズ皇太子は恵まれない人を助けるプログラムなどによって、イギリス社会にたしかな貢献を果たしています。いまの日本では、次のような記述にみられるように、日本の皇太子がチャールズ皇太子のように活動することはとても想像できないでしょう。

チャールズのもうひとつの大きな戦い、すなわち20年にわたる代替薬擁護は、21世紀にはいって数年のうちにさらに強化された。2003年3月、彼の「統合健康基金」は、5年間の調査の結果、国民健康保険（NHS）で使われている伝統的な薬と同じ効果をもつ代替的なセラピーを導入すべきだと発表した。チャールズは毅然として上級の政府高官にはたらきかけ、（首相の）トニー・ブレアとも会って、イギリスが、中国やインドの療法や、承認されていない薬草の販売を禁じたEUのルールにしたがわないよう要請した。2005年3月の会見のあと、チャールズは首相に長い手紙を書いた。この手紙で、断固たる行動をとるよう求めたあと、EUの規制は「木の実を割るのに大きなハンマーを使う」ようなものだと、ふたりの意見が一致したことを、チャールズはブレアに思い起こさせた。ブレアはEUの規制の実施をさらに6年間遅らせることを約束した。これもまた、チャールズが国制上の影響など気にせず、みずからの目標《アジェンダ》をさらに推し進めようとしているあらわれだった。*5

チャールズ皇太子について記されたさまざまな側面は、さぞかし日本人を驚かせるでしょう。

最初の問題は、医学専門家がいんちき以外の何ものでもないとしている療法に、皇太子が強引にお墨付きを与えていることです（さらに、チャールズ皇太子のことをよく知らない読者は、専門家が頭を抱えている分野で、ほかにも彼がいくつもお墨付きを与えてしまっていることを理解しておくべきでしょう）。もうひとつの問題は、彼が公然と政治に首をつっこんでいることです。

念のためにつけ加えておくと、チャールズ皇太子が支援する統合健康基金は、会計担当者が大量の資金を横領するというスキャンダルが発覚して2010年に解散しました。たいていの日本人なら頭を抱えるところでしょうし、皇太子をはじめ自分たちの皇室はこんなスキャンダルに巻きこまれないよう、じゅうぶんに注意してほしいと願うでしょう。

統合健康基金の腐敗は、チャールズ皇太子が統括する「慈善帝国」の否定的な側面のひとつです。これにより2005年までに、イギリスの皇太子が「17の中核慈善団体に年1億5000万ドルを引き入れる」ことにかかわっていたことが判明しました。*6

日本の皇族が将来、慈善帝国をつくりあげるとは、ちょっと考えられません。

神道の祭祀を再考する時期

そろそろ、しめくくりにあたって、もう少し広い観点でみてみましょう。

次代の皇室が、将来直面する基本的困難は、日本が享受している高度な統一性に、あらゆる種類の遠心力がはたらくことです。徳仁皇太子は最近（2017年4月）マレーシアを訪問しましたが、帰国後の感想で、マレーシアが成功を収めたのは多様性と寛容によることを認めています。これは、多様性のなかから統一性をつくりあげるという問題を示唆するコメントです。

幅広い社会経済的相違にもとづく社会の成員間の多様性から、日本にやってくる移住者のもたらす多様性にいたるまで、あらゆる形態の多様性が存在します。こうした多様性のもたらす難題を過小評価することはできません。

さまざまな面で、すべての国民国家が根本的に問われることのひとつは、いかに国民が信頼を置きうる共通の中心を維持するかということです。これは君主がいようがいまいが、国民国家にとっては重要なことです。しかし、君主をもつ国民国家では、君主はしばしば求心力の役割を果たします。はたして、将来、次の天皇と皇后はそうした求心力となりうるでしょうか。

ここで、ひとつ問題をだしてみましょう。これは自称伝統主義者に大きなショックを与えるにちがいない問題です。

これまでも、日本は宗教面も含めて、さまざまな評論家が信じこませようとしているほど、均質的な社会ではありませんでした。さらに、この不均質性に加え、日本の人口は人種的にも宗教的にも多様化する過程にあります。

そうなると天皇の行事に組みこまれている神道の祭祀も再考すべき時期がきているのかもしれません。多宗教的な国民国家であるなら、国の象徴はひとつの宗教だけを特別扱いしていいてよいのでしょうか。このことは問うに値することです。

神道の儀礼のなかには、明治時代をはるかにさかのぼる歴史をもつものもあります。にもかかわらず、神道が明治期以降、皇室で特別の地位を占めるようになったことを「必然」とみなす必要はありません。

たとえば、神道を絶対的な地位に押しあげたことによって、皇室はさまざまな仏教的慣習から、みずからを無理やり切り離さねばならなくなりました。国家神道発展の物語には、そうした側面もあり、国家神道のさまざまな遺産は、戦後も引き継がれているのです。

チャールズ皇太子は、さまざまな失敗はともかく、イギリスに関して「信仰全般」という問題を考えつづけてきました。イギリス国王は英国国教会としても知られるイングランド教会の最高首長です。

チャールズ皇太子の伝記を書いたサリー・ベデル・スミスは将来の国王について、こう書いています。

国王になれば、チャールズは母親と同様、戴冠式での宣誓を求められ、「信仰〔キリスト教〕の擁護者」たることを約束することになる。しかし、チャールズは自分は「それを一信仰ではなく、信仰全般の擁護者と解釈したい」と話した。……彼は「君主に従うカトリック臣民」もイスラム教徒臣民もヒンズー教徒臣民もゾロアスター教徒臣民も同列にみているのだ。[*7]

今日では、多文化的というのは耳に心地よい用語になっています。そして、左派リベラル派が、チャールズ皇太子のセンスに喝采《かっさい》していることはたしかでしょう。私自身も多文化主義に異を唱えるつもりはありません。そのうえで、いまも圧倒的な役割を果たしている神道祭祀について、いささか問題を提起しておきたいと思います。

とはいえ、同時に多文化的な国民国家にたいしては、次のように問うてみなければなりません。それはどうやって中心を保持するのかということです。つまり、どうすれば国民国家の統一性を維持できるかということです。ここで私が理解してもらおうと努めている問題は、簡単とはいえないテーマです。実際、意見のちがいから、しばしば緊張が発生します。

人はどうすれば多様性を尊重できるか。しかし、また同時に、人はどうすれば多様性のなかから統一性をつくりあげることができるのか。あとの問いに答えるには、おそらく絶え間ない努力が必要でしょう。さまざまな国民をつなぎあわせる共通性も見つけなければなりません。

全般的にいって、将来の天皇と皇后が直面する唯一最大の試練は、一方で統一性を維持しながら、もう一方で多様性を尊重し順守するという問題だと言っていいと思います。

最右派の考え

まもなくはじまる次の天皇の在位期間においては、伝統と新しい慣習との調和をはかることが求められます。そのとき日本人は、自称、天皇崇拝主義者であっても、「伝統」の定義が変わることを意識しておいたほうがいいかもしれません。

戦後最初の20年間、最右派は占領期における天皇の地位変更、すなわち元首から象徴への変更を、日本の伝統への侮辱だと糾弾《きゅうだん》していました。しかし、その後、最右派の考えは次第に変わり、明治憲法復活がまったく見込めなくなったあとは、政治の局外に立ち象徴的な役割を果たす天皇こそが、日本の真の伝統への回帰をあらわしているというようになります。

だいじな点は、けっして論理的ではなく熱情的で国家主義的な最右派が、もし皇位を維持する手段がほかにないとすれば、たとえば女性天皇の即位もやむなしと考えるようになるかもしれないということです。

私は個人的には、日本の天皇制について中立的な立場です。言い換えれば、天皇制の支持者、反対者の意見をどちらも聞くという立場です。これは時に、皇室の行方を分析するには有利な立場だとも思えます。

天皇制を廃止するには、国家主義を排除し、最右派に決定的打撃を与えなければならないと信じている人びとに、私が指摘したいのは次のことです。たとえ、そんなふうに事が進んだとしても、最右派の国家主義者は新しい国家的偶像をつくりだし、けっして長期に分裂することもなく、その偶像を中心に国家主義的な政策を掲げつづけていくだろうということです。

この点については、フランスの場合を取りあげてみましょう。フランスには力強い最右派勢力が存在します。ただし、いまでは最右派でも、王政の復活を唱えている人はまずいません。右派政党、国民戦線を設立したジャンマリー・ルペンが、自分の反移民綱領の象徴となりうる人物を必要としたとき、持ちあげたのはジャンヌ・ダルク（1412－1431）でした。ジャンヌ・ダルクこそ、フランスから外国人（イギリス人）を追いだす役割を果たしたというわけです。

たしかに、もし必要とあらば、日本の国家主義者も新しく中心となるシンボルを打ち立てる可能性があります。たとえそうだとしても、日本が天皇を有しつづけるかぎり、もっとも望ましいのは、皇室が有益な社会的役割を担っていくことです。その社会的役割は、社会のもっとも恵まれない人びとに目を向けることから、もっとも欠かせない課題、すなわち、いつどうなるかわからない国家の統一性を保つことにまでおよんでいるのです。

＊1 Paul Preston, *Juan Carlos: A People's King* (HarperCollins, 2004), p. 426.
＊2 Women's Auxiliary Air Force, of Britain.
＊3 Gunnar Leistikow, "Queen Margrethe II of Denmark," *The American-Scandinavian Review* 60.3 (1972), p. 231.
＊4 Preston, p. 505.
＊5 Sally Bedell Smith, *Prince Charles: The Passions and Paradoxes of an Improbable Life* (Random House, 2017) p. 384.
＊6 同 p. 414.
＊7 同 p. 285.

第4章　アメリカでの見られ方

ハーバード大学講義での対話

ヘレン・ハーデカー（ハーバード大学ライシャワー日本研究所教授）
エズラ・ヴォーゲル（ハーバード大学名誉教授）
スーザン・ファー（ハーバード大学ライシャワー日本研究所教授）
フランチスカ・セラフィム（ボストン大学史学部教授）
デイビッド・ハウエル（ハーバード大学日本史教授）
アンドルー・ゴードン（ハーバード大学歴史学教授）

ヘレン・ハーデカー（ハーバード大学ライシャワー日本研究所教授）　少し質問とコメントの時間があります。よろしければ、お名前と所属をおっしゃってください。

エズラ・ヴォーゲル（ハーバード大学名誉教授）　すばらしいプレゼンテーションだったと思います。きわめて多岐にわたる考察です。3番目のテーマ、「戦争の傷跡をいやす努力」について、ふたつ質問があります。ひとつは天皇が靖国神社に行かないようにしていることです。それはどうしてなのでしょうか。そして、そのことは靖国にこだわっている日本の右翼に大きな影響を与えていないのでしょうか。

もうひとつ関連質問は、1992年の天皇の中国訪問についてです。これは日中の長い歴史において、画期的な出来事だったと思うのです。あなたは韓国については述べましたが、中国については話しませんでしたね。あなたのプレゼンテーションだけでなく、ほかのプレゼンテーションでも、1992年の訪問に多く言及したものは見受けられません。それはたいしたニュースではないのでしょうか。私からすれば、あれはきわめて重要で、しかも成功を収めた訪問だったと思うのです。どうして、それに関心が向けられないのでしょう。

ケネス・ルオフ　よろしければ、あとのほうからはじめさせていただきます。ふたつのたいへん重要な質問をいただきました。まず最初に、これ［1992年の天皇による中国訪問］は、最初に用意した材料には含まれていたのですが、それを1時間10分程度にまとめなければならなかったので、中国について述べた部分は大胆に省略してしまったわけです。でも、それだと説明になりませんね。しかし、ここでは、ともかく韓国についてだけ話すことにしたのです

それはともかく、天皇は1992年に中国を訪問し、ご存じのように、いわば期待どおりの、ひじょうに率直な謝罪をおこなったわけです。その謝罪は、韓国への謝罪に劣らず、たいへん重要なものです。しかし、残念ながら、天皇はできるかぎりのことをおこなったにもかかわらず、いわゆる歴史問題に関しては、日中間の関係は、その努力をよそに、むしろ天皇が即位したころより悪くなっているようにみえます。

ある記者から聞いたところでは、明仁《あきひと》天皇は最初、中国での発言に関して外務省が示した案が意に沿わず、赤ペンをとって、ことばの表現を強めたそうです。自分の目標《アジェンダ》に関しては、天皇ははっきりとした意向をもっています。この点については、まもなく出

版される本［本書のこと］のなかで取りあげる予定です。

ヴォーゲル　なぜ、もっと多くの人がこの点に関心を向けないのでしょう。対中関係の問題や成功については全面的に論議されてしかるべきなのに、これまで多くの人がそれを語るのを聞いたことがありません。

ルオフ　それはたしかに大きな問題です。思うにエズラ、あなたは私よりずっと中国のことをご存じです。

反日ナショナリズムは、中国の上層部がお手上げになるほど、力があるのでしょうか。明仁天皇は謝罪をおこないましたが、メディア統制を考えると、はたしてこのことは中国国民に広く伝えられたのでしょうか。

一方、日本側にも大きな問題があって、それについても私は詳しく書いています。しかし、和解が実現するには、一方通行ではなく、両方からの歩み寄りが必要です。

しかし、中国も韓国も、また北朝鮮はいうまでもなく、反日ナショナリズムは重要です。三つの国のうち二つでは、反日はまちがいなく建国の神話であり、それから解放後の韓国にとっても、とても重要なものなのです。そこで、あなたがしばしばいうように、それをやめて、日本側から謝罪が得られたらどうなるのかと問うてみるのがいいのかもしれません。

日本人はしばしばぎこちなくて、なかなか態度を決めないといわれています。何事につけても、もっとうまくやれたかもしれないのに、双方が疑心暗鬼のままなのです。天皇の謝罪は南京大虐殺などをめぐる議論が紛糾するなかで、あってなきがごときものになってしまいました。これは残念なことだと思います。天皇の発言が期待できるなら、強引に相手をやっつけるのは得策ではありません。明仁天皇は驚くほど率直に謝罪のことばを述べました。これは注目に値することです。

靖国問題は実際には昭和天皇の時代までさかのぼります。昭和天皇は1975年まで靖国神社を訪れていましたが、1978年、宮司がA級戦犯の合祀を決定しました。それをきっかけに天皇による参拝は中止になったのです。それは現在の天皇以前のことで、いまの天皇は先代がその在位後半にとりやめたことを踏襲しているだけです。というのも、靖国はあまりに問題をかかえているからです。

そのことは侍従長の日記にはっきり書き残されています。入江相政《すけまさ》でしたか［正しくは侍従の卜部《うらべ》亮吾、ほかに宮内庁長官・富田朝彦《ともひこ》のメモもある」、それが誰で、日付はいつか、正確にはおぼえていないのですが、その日記によると、昭和天皇はそれは大きなまちがいだ、靖国神社の宮司は大馬鹿だというようなことを漏らして、それ以来、靖国には参拝しなくなりました。

日本の右翼はひとつのテーマです。できれば次の本［本書］のあと、戦後日本の政治的右派についても書いてみたいと思っています。天皇に関していえば、右翼はさほど天皇のことも皇室のことも心配しているわけではありません。彼らが気にかけているのは自分たちのことなのです。ですから、天皇が靖国に参拝しなくても、靖国問題を取りあげるわけです。

それ「天皇が参拝しないこと」は、天皇による手厳しい非難のようにみえます。なかには、そう思っている人もいるでしょうが、右翼は天皇のことなど気にしていないのです。彼らにとって、天皇は自分たちの大義を主張するための道具にすぎないのです。

私がこれまで書いてきたように——ここで日本人を怒らせるつもりはないのですが——それは日本人自身にとっての天皇制なのです。しかし、天皇制が廃止されたらどうなるかを、ちょっと想像してみてください。これはもともと私が日本の左翼に投げかけている批判です。そのあとはどうするつもりなのでしょう。

日本をナショナリズムで統治するのでしょうか。もちろん、そんなことはできないでしょう。右翼とそれ以外の勢力は、ほかに国の象徴をみつけだし、右翼的な国家主義的目標を追求するようになるでしょう。こうした人たちは、私の見るところ、一般の日本人よりさほど天皇のことを心配しておらず、むしろ自分たちが天皇を動かしたいと思っているのです。ですから、右翼は現在の天皇、ないし前の天皇がしばらく靖国を参拝しなくても、そのことを無視できるのです。

スーザン・ファー（ハーバード大学ライシャワー日本研究所教授）　あなたの見方はとても興味深いのですが、これについてコメントしてもらえるかどうか。それは代替わりにあたっての、雅子妃のメンタル・ヘルスの問題についてです。あなたは彼女が精神的な病について、何かその代弁者になれるかもしれないと指摘していましたね。しかし、ひとつの問題は、公式の診断は適応障害ということになっていますが、心理学者に聞いてもらうといいのですが、適応障害というのは、ある人がAの状況からBの状況に適応しようとしたときにおこる症状です。しかしこの用語は、ふつう6カ月ぐらいの障害を指します。それがいまでは15年ですよ。その症状を言いあらわす言葉は、うつ病とか精神障害とかで、それが適応障害と言い換えられているのではないでしょうか。

ルオフ　公式には適応障害とされています。しかし、多くの人が、適応障害とは何だろうかと思っています。どうやら、いくらかうつ病や精神障害がまじっているようにもみえます。まもなく出版される本［本書］で、私は雅子妃についてかなりいろいろなことを書いていますが、きょうの話ではその部分を割愛しました。

彼女の物語はだいたいにおいて悲劇といってよいでしょう。ここに来ておられるゴードン教授の生徒で、まさしく、とても聡明な若い女性でした。彼女は皇太子が強く結婚を望んだことに少し驚き、ためらったあげく、皇太子を待ちに待たせ、とうとう「一生、全力でお守りします」という有名な言葉を聞いて、結婚することになったのです。

そうですね、このとき雅子さんは、自分が男子後継者を産めなかったらどうなるかをよく考えていなかったのではないでしょうか。そして、現在の皇室制度では、それだけが彼女の仕事なのだということがわかってきます。私はこの制度に賛成しているわけではありませんが、基本的にはそれが彼女の仕事なのです。それがうまくいかなくなると、夫妻はまったく心外なことを言われるようになり、そこで皇太子の驚くべき発言「雅子の人格を否定するような動きがあった」が飛びだしたのも無理はありません。

彼女はだんだん健康を回復し、より多くの公務を果たせるようになったと言われています。ごくわずかですが、［皇后としての］将来を予見できるような発言もするようになりました。社会の弱い立場にある人に手を差し伸べたいとも述べていますし、引きつづき社会の周縁との距離を縮めるというようなことも考えているようです。

しかし、私としてはもう少し様子を見守るほかないと思っています。ご存じのように、皇太子や皇太子妃は、宮中ではほとんど力がありません。そして、彼らはこれから天皇と皇后になるのですが、それによって突然、大きな力を得ることになるわけです。私たちはそれを見守って、皇太子妃が成長し、自分の立場において、私たちが想像もしなかったようなことを実現できるようになればいいと思っています。しかし、彼女はここ数年、少しずつよくなっているので、だんだん多くの公務をこなせるようになるでしょう。

フランチスカ・セラフィム（ボストン大学史学部教授）すばらしいお話、ありがとうございました。私の質問はこれとは少し別です。そして、いま平成という時代が終わろうとしていることと関係しています。私たちは平成がいつ終わるかを知っており、これはかつてないことです。昭和天皇の場合、昭和の回顧本が出るようになったのは、その死後でしたが、今回も同じようなことがおこるでしょう。しかし、平成時代に関する本で、あなたは日本をどのように見ようとしていますか。また、これと関連して、平成が歴史の一時代なのかということですね。その点は、どんなふうに考えますか。

ルオフ　そうですね。私は本を出すので、まさにその渦中にいるわけです。これについてもカットしませんでした。

この本の新原稿は、元号制が根本的に日本人の時間のとらえ方を規定しているというところからはじめています。そして、ひとつの時代が終わるたびに、その時代をふり返る作業がおこなわれます。しかも、それは皇室内の出来事をふり返るだけではありません。もっと幅広く、この時代にどんな歴史的な出来事があったかが次々に思い返されるわけです。

歴史をひとつの時代のなかに収めるのは無理な場合もあります。しかし、おもしろいことに、平成時代のはじまりは、相互に関連する出来事が発生した時期と重なっていたようにみえます。昭和天皇が亡くなったのは、ちょうど冷戦が終結した年で、この二つの出来事は、日本の帝国の時代の再考をうながすことになります。昭和天皇が死去するまでは、戦争責任について論じるのはタブーになっていました。そこに、昭和天皇が亡くなって、それから冷戦が終結するわけです。

バブル経済が破綻《はたん》するのも、だいたいこの時期です。しかし、バブル経済がほんとうに破綻したと認識されるようになるのは、だいぶたってからで、それが痛感されるようになるのは1990年代後半です。人びとはそのうち景気がかならず回復するだろうと思っていました。そう願っていたわけですね。

それで、平成の終わりがやってきて、この［2018年］6月、私はたまたま日本にいたのですが、書店には、これからの世界秩序はどうなるのかといった本があふれていました。世界秩序のことはわかりません。平成の終わりが、何か重要な出来事と連動していたのかどうかは、もう少し待ってみなければならないでしょう。

日本人が天皇制の重要性を思いおこすのは、たとえば公式文書を書くさいに元号を記入しなければならないようなときです。また元号が変わると、何かが変わったと感じるようになります。私はそれですべてが落着するとは思いませんが、新しい元号は、退位に先立って、4月1日に発表されるようです。それはまだ固まっていないと思います。

ところで、われわれの年号はキリスト教暦にもとづいています。多くの人はそれがキリスト教にもとづくものだなどと意識していませんが、日本人のなかでも、それを使わないようにしようと思っている人は数少ないと思います。日本人はすでに「西暦」になじんで、それを使いこなしており、かといって元号も意識にすり込まれており、それがある意味、奇妙な回顧と結びつくようです。そうした回顧本もすでに出版されています。しかし、私は平成時代をふり返る本を書くのが精一杯で、ほかの本を読むところまでとても手が回りません。

デイビッド・ハウエル（ハーバード大学日本史教授） ありがとう、ケン［ケネスの愛称］。とてもおもしろかったです。方法論上のことについて質問します。あなたは力強く説得力のある例を挙げて、現在の天皇と皇后が皇位に自分たちの足跡を刻んでいること、そして次代の天皇と皇后も同じように新たな足跡を刻んでいくだろうと話しました。

しかし、あなたの話では、宮内庁のことが強調されているものの、いくつかの例外はあるけれど、天皇はあたかも自分のやりたいようにできるという感じを受けます。自分のやりたいように、ですよ。けっして極端な言い方はしていません。しかし、そこには宮内庁など役所による縛りもはたらいているのではないでしょうか。

興味深かったのは、ヴォーゲル教授に答えたときの話です。天皇は赤ペンを持ちだして、外務省が書いた原稿を手直ししたといいましたね。しかし、まちがいなく、ある意味で天皇は日本政府の代表なのですから、手直ししたといっても、ほんのわずかだったのではないでしょうか。

ルオフ　なるほど。その指摘に感謝します。重要な指摘だと思います、デイビッド。たしかにこの本を読んだ読者があなたが感じたように、天皇は何でもできると思ってしまったら、まずいですね。

ハウエル　それは表現上の工夫だと思うのですが。

ルオフ　去年［２０１７年］10月にも、ハーバードで戦後天皇制と退位の話をしました。それをもう一度くり返したうえで、きょうの講義で皇室を担当する国の機関である宮内庁について述べたほうが、話の流れとしてはよかったかもしれません。

皇室が機能しているのは、制度によって、ひじょうに強く規制されたなかにおいてです。そんなふうに記述したいと思います。今夜、私がホテルに帰ってから最初にやることは、翻訳者に追加原稿のようなものを送ることかもしれませんね。というのも皇室の人びとが自分の意思で動ける範囲は、ごく限られているのですから。

しかし、皇室はあたかも役所と無関係のように描かれることがあり、これはもちろん正確ではありません。皇室にはみずからの存在を際立たせるための役所があります。

戦後、昭和天皇を戦争から切り離そうとし、あたかも彼がロボットだったかのようにみせかけたのも、こうした役所のはたらきでした。それから1989年に明仁天皇が位につくと、にわかに天皇は単なるロボットではない、自分なりの方向性をもっているのだ、とみんなが思うようになったのです。

それは、ちょっと行きすぎだったのかもしれませんが、いずれにせよ天皇と皇后がロボットだという見方は修正されたのです。天皇と皇后は自分たちがロボットだとは考えませんでした。それでも自分たちの発言にはよほど気をつけねばならないのです。

これは憲法上の観点からとらえなければなりません。もし憲法を無視して、言いたい放題、やりたい放題なら、それは問題になるからです。明仁天皇は、そのいくつかのコメントで、限界を押し広げてきたのです。その点に注目しなければなりません。

もちろん、天皇の発言や行動に賛同するなら、天皇を支持するということになります。しかし、それに賛同できない場合はどうなるでしょう。ですから、できるなら天皇は、ずっと政治の外にいるほうがいいのです。しかし、天皇や皇后だって、歩きもするし、話しもします。風に吹かれて揺れる旗とはちがうのです。これはやっかいな仕事です。

そこで、皇室には役所がついています。しかし、切りがないので、このへんでやめておきましょう。宮内庁の話はとてもだいじです。コメントに感謝します。読者をまちがった方向に導くのは避けたいですからね。

ハウエル　私は人びとが皇室には役所が関係していないと思って、あなたが実際よりも皇室を大きくみせているのなら、それはよくないと思ったまでです。しかし、役所のことも考えて、じゅうぶんその背景についてもわかっておられるので、安心しました。

アンドルー・ゴードン（ハーバード大学歴史学教授）　それでは、私は歴史家が平成という時代をどう理解すればいいかというフランチスカの重要な質問にコメントしたいと思います。

われわれの多くは、すでに歴史家であるか、あるいは歴史家をめざしているので、これはとうぜんの問題です。私はいまテキスト〔邦訳は『日本の200年――徳川時代から現代まで』みすず書房〕の新しい章を書いており、それは新元号のもとで出版される予定です。

平成をどう評価するかということですよね。平成がはじまったころにバブルがはじけたのですが、最初はそのうち何とかなると思っていたのに、それが1997年ごろになると、これはたいへんだ、しかも構造的なものだと誰もが思うようになっていました。それから失われた20年ということになったのです。

その後、安倍首相は、失われた時代は終わった、と言いつのるようになったと伝えられます。私は彼がほんとうに失われた時代は終わったと言ったのかどうか知りません。しかし、「日本を取り戻す」と言ったのはたしかです。そして、その言葉どおり努力して、日本を6、7年前の状況に引き戻しましたが、それは多少の成功を収めたものの、全面的な成功とまではいきません。そこで、平成がどのように記憶されるかが、これから大きな問題になっていくと思います。

私の予想では、新しい元号は漢字で「変革」を意味するものになると思います。平成を考えるなら、その元号は平和になるという意味で、戦後はそうなってほしい、いやそうなるはずだという思いをこめたものでした。その物語を打ち破ろうとするなら、漢字で何か「変革」を意味するものをもってこなければならなくなります。はたして、どうなるでしょうか。

ご存じのように、歴史家はけっして未来を予測してはなりません。というのは、歴史家が優位にたつのは、あとから判断する能力によってなのです。しかし、ここでの問題は、天皇の退位希望が政府側、あるいは保守側からむしろ歓迎されなかったようにみえたことです。

1週間前、ヘレン［ハーデカー］が彼女の講義で明快に説明してくれたように、退位にともなう問題点を検討する委員会は、退位にはきわめて否定的で、その結果、ご存じのように、それを一代かぎりの例外とする特例法がつくられました。

保守側はだいたいにおいて、天皇による役割規定や目標設定についても、明仁天皇をこころよく思っておらず、そのことを考えれば、次代の徳仁《なるひと》皇太子の存在はずっとあいまいで、目立たないものになるのではないでしょうか。「何とすばらしい。できるだけ早く次に替わってほしいものだ」というあたりがホンネかもしれません。

ルオフ　なるほど。私自身も平成時代をふり返って、私なりにあれこれ答えてみます。次の新しい元号は「何とか男子後継者を」という願いをこめたものになるかもしれませんね（笑）。

しかし、冗談はともかく、男子の継承者がなく、皇統が途絶えるなら、ほんとうに大問題になるわけです。

私も失われた何十年といった言い方は好きではありません。というのも、この期間も、日本はそれなりに進化してきたからです。私は、日本は多くの面で、以前にくらべ、さまざまな種類の人びとにたいし寛容な国になったと思っています。ですから、経済だけがすべてではないのです。

しかし、退位に関しては、これは大きな悩みでしたし、さまざまなやっかいな問題を引き起こしたのです。そのことは、委員会で発言した保守派の証言をみれば、よくわかります。この委員会が設置されたのは、天皇の退位を認めるかどうかを論議するためでしたが、おそらく天皇をたしなめる目的もあったのでしょう。

彼らは次のように問いかけました。「天皇が退位できるのなら、皇太子が天皇になりたくないといったらどうするのか」

保守派の人たちが心配しているのは、皇位を維持することなのです。彼らにとって天皇は道具でよいのです。この委員会で証言した保守派にとっては（彼らは実際の皇室のことや、その人権についても、まったく気にしていないようにみえます）、全力で皇位を維持することだけがすべてなのです。

彼らは次のようにいいます。天皇がなすべきことは、国じゅうを忙しく回ることなどではない。そんなものは必要ではない。天皇に求められているのは、国のために祈ることだ。

これにたいし、明仁天皇は不快感をあらわにしたそうです。この発言は天皇がこれまでやってきたことを完全に否定したものと思えたのです。そのようなわけで、それ［退位希望」は、やっかいごととなり、いかに皇統が脆弱《ぜいじゃく》になっているかをさらにはっきりさせることになったのです。

退位のような問題からはじまって、そのうち人びとが、なぜ女性天皇が容認されないのか、それについてなぜ検討しないのかと問うようになるのは、目に見えています。安倍首相はこの点では最右派の側に立って、男子による継承しか認めない立場です。しかし、皇統はだんだん細ってきています。

何はともあれ、安倍首相は皇位継承は男子のみという考え方を支持しているのです。しかし、ここからはじつにやっかいな問題がでてきます。もし天皇になった皇太子が5年後に「もういいよ。こんなふうにしたいとは思ってなかったんだ。雅子と私はむしろここを出て、山に登ったり、友人たちとあちこち遊び回ったりしたい」と言いだしたら、どうなるでしょう。皇室がなくなってしまいますよ。皇室にとって、事態は見かけより深刻です。ハーデカー教授、そう思いませんか？

ハーデカー　そう思いますね。

ルオフ　そして、この問題に関する最良の記録は、委員会に出席を求められた保守派の証言なのです。

ハーデカー　まだ質問があるかと思います。しかし、そろそろこの会合を終わりにしなければなりません。ルオフ教授、ありがとうございました。

第5章　明仁天皇の退位をめぐって

国家的象徴の憲法上の枠組み

アメリカのマスメディアはさまざまな王室をニュースや番組で取りあげていますが、それをみれば、概してアメリカ人が王室というものをどのようにみているかがわかります。アメリカ人の多くは、王室に人間味あふれる物語を期待しているのです。それは有名人をレポートする場合と変わりません。こうしたとらえ方はかならずしも悪いものではありませんが、王室はしばしば有名人以上の重要性をもっています。

たとえば、この会場にタイ旅行を計画されている方がいるとしましょう。その方に忠告したいのは、滞在中はけっして国王の尊厳を侵害するようなことをしてはならないということです。

現在タイでは、軍事政権が王室の大きな権威をテコに、みずからの正統性を確保しようとしています。それればかりか、王室へのいかなる批判も認めていません。いまタイの学者たちは、何世紀も前の王様を実証的に研究するのもままならないことを痛感するようになっています。

日本の場合は、日本国憲法第1条が天皇の地位と役割を定めています。さて、ここからさまざまな法的問題がおこりうるのです。そのひとつが、最近［2016年8月以来］問題になった天皇の退位問題です。

大きくみて、天皇のように歩きもし話しもする国の象徴を、憲法はどのような枠組みでとらえているとみるべきでしょうか。

さらにいうと、1868年の明治維新以来、天皇は日本のナショナリズムの中心軸となってきました。そのことはいまも変わりません。言い換えれば、日本人がナショナル・アイデンティティ、つまり日本の国柄に触れるときに、いまでも皇室は真っ先に取りあげられるのです。

安倍政権のもとでも、世界の国々と比べると、日本のナショナリズムはまだおとなしいものだといえるでしょう。それでも、それがいまなお大きな力であることはまちがいありません。

日本人のなかには皇室が国家にとってなくてはならないものと考えている人がいます。はっきりいうと、日本の保守派は、もし皇室がなくなれば日本の国自体がなくなってしまうといいます。もっともこれは1億2600万人の全日本人のなかでも極端な考え方かもしれません。

つまり、日本の場合、皇室についての話題は、社会福祉センター開所式のテープカットで当日、皇后さまがブルーのワンピースを着ていたとか、あるいは、イギリス王室のように誰と誰が浮気していたとかいったことより、はるかに真剣な問題なのです。つけ加えておくなら、日本の皇族の人びとはまじめに過ごされているようで、このことが引きつづき皇室が広く国民から支持されている理由にもなっています。

世界の新世代の王室

近年、世界全体で王室がふだんよりニュースに取りあげられることが多くなっています。それは、退位や死亡による代替わりもあって、新しい世代が前面に出るようになったからです。

2006年から2014年にかけて、ブータンやオランダ、カタール、ベルギー、スペインで、退位による王位継承がなされました。こうした退位をめぐる状況や新国王即位の儀式は、21世紀においても存在意義を保ちつづけようとする王室の挑戦に新たな光を投げかけました。

ブータンの場合は、実際の支配者だったワンチュク国王が退位して息子に譲位すると2005年に宣言し、ブータン国民を驚かせました。そればかりか、彼は国に議会制民主主義を導入し、国王の役割を象徴的なものにするとさえ宣言したのです。

象徴的な国王がどういう役割を果たすべきかを理解するため、2009年にブータン政府のシンクタンクは、私をはじめ何人かの王室専門家を国外からブータンに招き、ほかの国では象徴的な王室がどのように機能しているかを説明させました。

日本と友好的関係を築いているブータンの人びとは、とくにモデルとして日本の象徴天皇制に関心をいだいていました。2006年に即位したブータンの若き新国王は、律儀に象徴的な君主としての役割を果たしており、民主的に選出された議会から実権を取り戻したいとは思っていないようです[*1]。

不思議なことに、すでにジグミ・ケサル・ナムゲル・ワンチュク国王の在位期間は2045年までということになっています。2008年5月15日に公布されたブータン王国憲法第2条第1項は、日本国憲法第1条とよく似ています。ブータン王国憲法は、国王を「元首であり、ブータン王国ならびにブータン国民の統合の象徴である」と定めており、主権は国民が有することになっています。しかも、その第2条第6項にはさらにこう明記されているのです。「年齢が65歳に達したとき、ドゥルク・ギャルポ〔国王のこと〕は退位し、王嗣《おうし》が成人していた場合、王子または王女に譲位するものとする」

オランダの場合は、とりわけ興味深いものがあります。2013年にオランダのベアトリクス女王は退位にあたって、現代の君主にとって世襲の権威は何の資産にもならず、むしろ権威は「国のために働こうとする意志」によってもたらされると述べました。[*2]

さらにいうと、オランダのウィレム＝アレクサンダー新国王は、国民からも国外の人びとからも「陛下」と呼ばれたいとは思わず、国民は「自分のことを好きに呼んでほしい」と強調しました。[*3] こうして、オランダでは「陛下」という称号が不要になりました。こうした例をみても、大陸ヨーロッパのいわゆる「自転車王室」が、王室と国民をより近づけるステップになっていることがわかります。

スカンディナビア諸国の王室はとくにそうですが、ほかの大陸ヨーロッパの王室もしばしば「自転車王室」と呼ばれることがあります。というのも、こうした国々では王族が自転車にまたがって地元のカフェに行き、いきなり国民とコーヒーを飲むといったこともめずらしくないからです。

自転車王室の場合は、王室と国民との距離はほとんど離れていません。とはいえ、自転車王室という言い方は、イギリスの王室や日本の皇室にはあてはまらないといっておくべきでしょう。

オランダに新国王が即位してから数カ月もたたないうちに、隣のベルギーでは、アルベール2世の退位によって即位したフィリップ国王の宣誓方法に注目が集まりました。そのやり方が近代国民国家で王室に望まれる求心力を示すことになったのです。

フィリップ国王はベルギーの三つの公用語、フラマン語（オランダ語系）とワロン語（フランス語系）、ドイツ語で宣誓をおこなったのです。[*4] まちがいなくベルギー王室の役割は、大きな遠心力がはたらくなかで、この多言語で多民族の国家をいかに分裂させないようにするかということにあるといってよいでしょう。

グローバル・ヒストリーの流れ

2019年4月に明仁《あきひと》天皇が退位するときには、2006年以降、世界で退位した6番目の国王（君主）になります。私はグローバルなトレンドのなかで日本のケースを関連づけて考察することが重要だと考えています。

2018年は明治維新150年という年にあたります。日本では記念行事がおこなわれようとしていますが、東アジアのほかの国々にとって、明治維新はかならずしもめでたいできごととして記憶されているわけではありません。

明治維新の「維新」とは王政が復古することであり、日本が近代化したのは天皇の名のもとにおいてでした。明治維新の意味については近年、広く議論されていますが、日本の近代化を勢いづけたこの出来事について私がどう考えるかについて、お話ししてみましょう。

グローバル・ヒストリーの流れからみれば、1868年以降数十年にわたる日本の近代化が重要なのは、近代性が世界全体のものだということを証明したことにあります。

今日ではこれは自明のことに思えます。しかし、それは19世紀後半、いや20世紀はじめにおいても、論証されてはいなかったのです。

欧米の人びとは、近代性を人種ならびに西洋文明にもとづくものと考えていました。もちろん西洋文明にはキリスト教も含まれます。しかし、当時の日本はみごとに近代化を成し遂げることによって、近代性が人種や西洋文明、キリスト教と無関係であることを証明してみせたのです。

1905年に日本が大国ロシアに勝利したことが、当時、その多くが植民地統治下にあった非白人・非キリスト教世界にとりわけ感激をもたらしたのは、そのためでした。日本の近代化は、近代性が普遍的なものであり、人はそれを獲得するために文化の源を売り渡す必要がないことを明らかにしたのです。

明治時代には、何といっても天皇と汽車が日本の近代化の象徴でした。しかし、日本の近代化を安直に成功物語としてとらえるのは禁物です。まして、世界に広く行き渡った近代化を、まぎれもない成功物語と考えるのもやめたほうがよさそうです。

ここで偉大な歴史家E・H・ノーマンが1943年に日本について書いたものを紹介

してみましょう。これはまさに戦争のさなかに書かれたものですが、とりわけノーマンは、戦時に発表された日本人についてのさまざまな画一的研究について、こう論評しています。

他の文明から多くの文化を取り入れていない国はどこにもないということは、自明の理であるのに、しばしば見落とされ無視されている。日本の場合、非難されるべきは、日本が外国からの借用をつづけてきたということではない。問題は、日本が西洋から学んだ科学的、政治的な教訓を、指導者たちが利用してきたやり方にある。日本の悲劇は、西洋からあまりにも多くのものを取り入れたことではない。日本の学んだすばらしい事物の多くが、日本の権力者たちによって踏みにじられてきたこと、そして、もっぱら侵略と冷徹外交の目的にかなう技術が養成され発展させられていることなのである。*5

日本は単に最初に近代化をなしとげた非白人・非キリスト教国ではありませんでした。

日本は当時の欧米列強の歩みを追いかけ、略奪的な帝国主義国になろうとしていたのです。

日本の帝国主義的な試みには、天皇の名のもとに戦われた数々の戦争も含まれていました。そのため、1945年に日本が壊滅的敗北を喫したあと、昭和天皇はきわめて危うい立場に置かれることになったのです。

しかし、アメリカ占領当局は天皇制の存続を断固として主張しました。それに昭和天皇は反共主義者でもあったのです。

とはいえ、保守的な日本人のなかには、これがよいかどうかを半ば疑問視する者もいました。いずれにせよ戦争責任を免れない昭和天皇は、戦後日本を代表するにふさわしい皇太子に譲位したほうがいいのではないかというわけです。

明仁皇太子は1933年生まれで、人格が形づくられる少年期の大半を改革された新体制のもとですごしました。それによって、彼が民主主義と平和主義を特徴とする戦後システムになじむようになったことはまちがいないでしょう。

若手代議士・中曽根康弘の発言

日本が独立を回復する3カ月前の1952年1月に、かつて海軍将校を務めた若手の代議士が、昭和天皇退位の問題を取りあげました。

当時の首相、吉田茂にたいする国会質問のなかで、この新進の民主党議員は、戦争にたいする天皇の道義的責任に言及しました。さらに、彼は退位が新たな天皇を生むだけでなく、戦争の犠牲者を慰めることにもつながると述べました。

これにたいし怒りをあらわにした吉田茂は、敬愛する天皇に退位を勧める者は、誰であれ非国民だと返答しています。[*6]

その後、この若手代議士、中曽根康弘は、国会の外で、「憂うべきは指導的政治家における脳髄の動脈硬化症である」と発言しました。[*7]

このエピソードを紹介したのは、少し広い視野を導入するためです。第一に、とりわけ左寄りの論者がしばしば描くのとは異なり、戦後日本の政治的右派はけっして一枚岩ではなかったということです。

中曽根は1982年から87年にかけて首相を務めますが、このとき彼は周囲から強固なナショナリストとしてみられ、みずからも天皇への親近感を表明していました。しかし、若いころは、天皇がらみのさまざまな問題について、保守派の長老吉田茂としばしば意見が対立していたのです。このことは、またあとで触れることにしましょう。

退位を認めない方針は明治期から

第二に、1952年に中曽根が提起した問題は、現在の明仁天皇の退位にからむ問題より、作業としてはずっと入り組んだものになっただろうということです。戦後に改正された皇室典範には、退位の規定が含まれていません。昭和天皇が退位するのはそう簡単ではなかったことでしょう（とはいえ、必要なら、もちろんそれは可能になったはずです）。

戦後の皇室典範に退位条項が加えられなかったのは、反共主義者で、日米同盟支持者の昭和天皇の地位を保全するためでもあったというのは、たしかに当たっているようにみえます。けっきょくのところ、アメリカ占領当局は、さまざまな改革を正当化するうえで、昭和天皇の存在が非常に有益だと考えたのです。

しかし、もうひとつたしかなのは、退位を認めない方針は、以前の明治期の皇室典範を引き継いだものだということです。明治期の皇室典範にも、退位を認める条項はありませんでした。近代以前、日本では天皇の退位がひんぱんにあったにもかかわらず、そうなっていたのです。

明治期の皇室典範でも戦後の皇室典範でも、退位条項が取り除かれた理由は、退位した天皇と在位の天皇が二重に存在していると、天皇の権威が弱まると懸念されたためでもあるでしょう。

悪くすれば、対立する政治党派が、退位した天皇、もしくは在位の天皇、あるいは別の皇族の背後で、それぞれ勢力を伸ばす恐れも想定されました。こうしたことは、以前の日本の歴史でよくおこっていたことです。さらに、周辺のよからぬ動機をもつ側近たちによって、天皇が退位を強いられる懸念も考えられました。

1952年に日本は独立を回復し、占領時代の改革で自分たちに適合しないものがあれば、それを廃棄することができる力をもつようになりました。戦後の日本国憲法がこれまでのように、これからも改正されないまま存続するかどうか、まったく明らかではなくなったのです。

日本国憲法は、若いアメリカ人のグループによって作成されました。もっとも、作成の過程で、さまざまな日本人有識者から重要な関与があったこともたしかです。占領当局が日本側に草案を提示したときに主な論点となったのは、天皇の地位をどう改めるかということでした。

日本の保守派が恐れたのは、天皇の地位を元首から国民主権下の国家的象徴に変更することが、いわゆる日本の国体を根底から変えてしまうことにつながるのではないかということでした。

天皇の地位見直しを支持した政治家

戦後の占領期が終わった直後に、政治的右派の大半は、憲法改正を通じて天皇の政治的地位を回復することを支持しました。ここでポイントとなるのは、今日見られるような当たり前の象徴天皇制がかならずしも当たり前ではなかったことです。そのことが論争中に明らかになりました。

たとえば1954年に神社本庁は天皇主権の回復を求めています。ちなみに戦後、天皇にかかわる問題がでてくるときには、神社本庁はもっとも重要な最右派グループとして動いています。

さらにつけ加えていうと、憲法改正がもっとも反動的に検討された1954年には、自由党が専門家を集めて証言を求めています。

当時、自由党はまだ吉田茂が率いていましたが、憲法調査会の会長を務めていたのは岸信介《のぶすけ》でした。自由党の政治家の多くが、天皇の地位の見直しを支持しました。

ここで歴史家の平泉澄《きよし》が自由党の憲法調査会で発言した内容を示しておきましょう。これをみれば、1954年に自由党が求めていた意見がどのようなものであったかがわかると思います。


世間にはマッカーサーの憲法を用いましても国体は変らないと説かれる方もだんだんあるようでありますそれはおそらくやはり皇室のために憂を抱き、日本の国を愛する誠意から出ておるのであると思います。……しかし私ども学者の末端に列する者として、恐るるところなく事実を直視いたしますならば、……若《も》しマッカーサー憲法がこのまま行われていくということでありますならば、国体は勢い変らざるを得ないのであります。民主主義はこれを強調する、天皇はわずかに国の象徴となっておいでになる。歴史は忘れられ、家族制度は否定せられている。……人権はほとんど無制限に主張せられ、奉仕の念というものはない。……忠孝の道徳の如《ごと》きは弊履《へいり》の如くに棄《す》てて顧みない。かくのごとき現状において、日本の国体が不変不動であるということは万《ばん》あり得ないところであります。……この憲法の下につくられております幾多の歴史、教科書、それは文部省の検定を経ておるものでありますが、それらは根本において共産主義の歴史理論を採用し、日本人でありながら祖国の歴史を侮辱し、嫌悪し、罵詈雑言《ばりぞうごん》しておるのであります。……世間に氾濫《はんらん》しておる俗書の中に、天皇を誹謗《ひぼう》し皇室を侮辱するものの多いことはいかんともいたし方のないことであります。*8〔現代仮名遣いに変更〕

この乱れた状況にたいする平泉の解決方法は簡単でした。つまり戦後憲法を以前の明治憲法に置き換えればいいというものでした。

このことが行われて、日本がアメリカの従属より独立し、天皇の威厳をとり戻し、天皇陛下の万才を唱えつつ、祖国永遠の生命の中に喜んで自己一身の生命を捧げるときに、始めて日本は再び世界の大国として立ち、他国の尊敬をかち得るのであります。[*9]

はしょっていうと、１９５５年に自由党は民主党と合同し、自由民主党（自民党）を結成しました。それは、その後の日本にとって、大きな意味をもつことになります。自民党政府はさっそく憲法調査会を設置しました。

当時は誰もが調査会に与えられた仕事は憲法改正を勧告することだと思っていました。しかし、皮肉なことに、7年間にわたって憲法を徹底的に検証した末に、調査会の最終報告は改正の必要なしということになったのです。

実際、調査会が最終報告書を提出した1964年あたりまで戦後憲法は正統なものと見なされていませんでした。いや、これまで完全に正統と見なされてきたことはありません。ここで立ち止まって強調したいことは、日本人は憲法の由来はともかくとして、解釈を通して日本国憲法を自分たちの憲法にしてきたということなのです。

日本国憲法第1条にはこうあります。

「天皇は、日本国の象徴であり日本国民統合の象徴であって、この地位は、主権の存する日本国民の総意に基く」。そのあとの条項には、外国の大使や公使の接受など、天皇によっておこなわれる国事行為が細かく記されています。

憲法上の天皇の新たな地位をどう解釈するかをめぐって、かなりの期間、混乱がつづいたあと、法学者たちは新憲法のもとで天皇に許される三つの範疇《はんちゅう》を最終的に決定しました。それは次のようなものです。

（1）国事行為とされる13の行為

（2）私的行為

（3）「象徴としての地位における行為」

天皇のスケジュールをかくも忙しいものにしているのは、この第3の範疇、すなわち象徴としての地位における行為です。憲法学者のなかには、天皇は憲法で詳細に規定されている13の国事行為以外に、公的立場にもとづくいかなる行為もなすべきではないと考える人もいました。しかし、保守派は天皇の公的役割をもっと広く解釈する立場を支持していました。そのスタンスが1990年代はじめには裏目にでるわけです。

「女性が国家の象徴を務めてもよい」

憲法調査会の論議が進むなか、調査会の最年少委員だった中曽根康弘は、天皇にたいする新たな見方を取り入れ、それが以後数十年にわたって政治的右派の基本的な考え方になります。

しかし、それは、戦前の天皇の本来の地位についての解釈と、おおいに齟齬《そご》をきたすものでした。中曽根は、象徴としての天皇は天皇の「真の本質」への回帰を示すものだと論じたのです。1963年に中曽根は天皇について、こう述べています。

明治憲法における天皇の概念（規定の仕方）は二千年余の日本の歴史から見ると、それはある時代における特殊の天皇の概念なのであって、それが古今にわたって適用すべきものとは考えない。明治憲法におけるその天皇の規定の仕方やその歴史的性格を脱却することが、天皇の概念に更に大きさと広さと豊かさを与えるものと思う。*10

中曽根はさらに、天皇はこれまで日本の歴史で果たしてきたように、儀式的行為に集中すべきだと提案しました。中曽根はまた一時、女性が国家の象徴を務めてもよいという立場を支持したこともあり、1955年には明仁皇太子にふさわしい花嫁について、こう述べたこともあります。

たとえば皇族が結婚する場合も、学習院出でなければいかぬとか、かつての公爵以上の血統でなければいかぬとか、そういう考え方自体が非常に古い考え方です。それはまた皇族の優生結婚の点からみても、とらざるところであって、極端にいえば田舎の百姓の娘でも聡明で、健康で代表的日本人なら私は結婚の資格があると思うのです。*11

明仁皇太子は農家の娘とは結婚しませんでしたが、一般人と恋愛結婚しました。その結婚式は、皇室を平等と自由という戦後憲法のふたつの根本的理念に結びつけることになりました。

天皇訪中と謝罪

しかし、象徴天皇こそが真の伝統だというテーゼに立ち戻ると、次々と政治的右派の指導的人物は、戦後すぐに3人の学者〔津田左右吉、和辻哲郎、石井良助〕によって打ちだされたこのテーゼを採用していきました。

三島由紀夫は1968年のエッセイ『文化防衛論』で、象徴天皇を排撃する議論を展開していますが、右翼の大物、児玉誉士夫《こだまよしお》は1971年に、石原慎太郎は1978年に象徴天皇制を肯定しました。梅原猛は1988年以前から象徴天皇を支持しています。

1995年には、最右派の神道政治連盟（神社本庁の政治団体）が、天皇が韓国と中国に謝罪したことに憤激し、天皇の役割は象徴以上の何ものでもなく、帝国の時代ならびに戦時の日本の行動について隣国に謝罪を表明するのは不適切であると主張しました。

何十年も前から象徴としての天皇の公的行為を広く規定すべきだとしてきた保守派は、まさか天皇が隣国に謝罪するところまでそれを拡大しようなどとは思ってもみなかったでしょう。1990年代はじめには、保守派の多くが、天皇の謝罪は象徴的行為を逸脱したもので、政治的行為だと激しく論難するようになっていました。

それでは、象徴天皇＝皇室の真の伝統という解釈は正しいのでしょうか。

全般的にみて、ここにはいくらかの真実が含まれています。

しかし、同時に、現在の日本が国民主権下での立憲的な象徴天皇を擁していることを理解しなければなりません。言い換えれば、これは前近代の天皇とはまったく異なるものです。それはどちらかというと前近代の伝統に回帰したものというより、1868年以降の産物であり、とりわけ戦後の産物なのです。

象徴天皇が真の伝統に沿っているというとらえ方は、保守派に、天皇が永遠の日本文化を体現しているという主張を掲げる余地を残しました。しかし、ここでこうした解釈をするのは、1868年以降の天皇制のいちじるしい文化的再発明をあまりにも軽視しています。

現在おこなわれている皇室の儀式や習慣の大半は、何世紀も前にさかのぼるというより、実際には明治維新以降につくられたものなのです。文化的な制度としても、天皇制はまぎれもなく近代の産物です。

退位を決意した時期

日本がどのようにして現在のような象徴天皇をもつにいたったかを話すとともに、ここでふたつの今日的テーマを取りあげてみましょう。

ひとつは退位の問題です。もうひとつは、自民党がなぜ退位容認の特別法を成立させ、皇室典範の改正を避けたかということです。それは女性に国家の象徴を務めさせないということとからんでいます。

退位について、知っておいてもよい、いくつかのことを述べておきます。

第一に、退位を推し進めたのは、なんといっても明仁天皇自身でした。もっとも一般的な国家の象徴である国旗は風に吹かれればポールで揺れるだけですが、象徴天皇は歩きもし話しもします。そして明仁天皇は、みずからの意思にしたがって退位することを決意したのです。

明仁天皇が周囲に退位の件を相談するようになったのは、２０１０年のことだといいます。つまり、退位を希望する理由を述べた２０１６年8月のテレビ演説より6年前のことだったのです。

第二に、率直にいって、「退位」というのは正しい表現なのか、私は疑問をもちます。「引退」といったほうがいいのではないでしょうか。明仁天皇は徳仁《なるひと》皇太子に譲位するまで、30年間、天皇の務めを果たしたことになるでしょうが、その前の37年間を皇太子として過ごしてきました。これは想像しただけでも、気が遠くなるようなことではないでしょうか。

おそらく、近代の退位でもっとも有名なのは、1936年のイギリス国王エドワード8世のケースでしょう。これはほんとうの意味での退位でした。この事件はあまりにも大きなトラウマをもたらしたので、私の指導教師デイビッド・キャナダインによると、退位ということばにいまでもイギリス王室は身震いを覚えるほどだといいます。

エドワード8世は、離婚したアメリカ人女性［シンプソン夫人］との結婚に固執するあまり、恥ずかしげもなく公務よりも私事を優先していると受けとられました。これは当時の規範を逸脱したおこないであり、そのために退位することになったのです。

女王エリザベス2世が92歳にもかかわらず退位しないでいるのは、きっと個人的意向ではすまない問題があるからでしょう。こうしたエドワード8世にまつわるトラウマの記憶をイギリス王室はかかえています。

ところで、いまではイギリスの王子が離婚したアメリカ人女性と結婚するのはまったく問題がないことは、先週末［2018年5月19日、チャールズ皇太子の次男ヘンリー王子と、女優のメーガン・マークルとの結婚式がとりおこなわれた］のできごとをみてもわかりますね。

明仁天皇が公務よりも個人的な意向を優先して退位を望んだと考える日本人はほとん

どいません。しかし、何人かの保守主義者は、そのやり方を批判しています。

第三のポイントとして理解しなければならないのは、明仁天皇が安倍政権を非難するために退位するという証拠はないということです。

左派の人びとの多くがこうした主張をしていますが、このテーゼを支持する証拠ははっきりいってどこにもありません。

明仁天皇が退位を望む理由は主にふたつあるようです。ひとつは、天皇は象徴としての公的立場において、皇后とともに、ことあるごとに国民と接する多忙なスケジュールをこなしてきました。しかし、彼は自身の年齢で、こうしたスケジュールをつづけられそうもないと自覚する一方で、象徴天皇にはこうした公的行為が欠かせないと信じているのです。

二分法は過去のものに

次に、明仁天皇はすでに58歳になった徳仁皇太子が高齢者になる前に天皇になってもらいたいと思っているのではないでしょうか。皇室の人びとは、天皇が常に国民を助け、国民とかかわるべきだと信じています。

また、仮に現在の天皇が退位せず、さらに10年以上在位すれば、とくに日本の若い世代の皇室離れが進むのではないかという懸念もあります。

その場合、超高齢の天皇が亡くなって、ようやく皇太子が天皇の位についても、そのときには皇太子自身が70歳の高齢者ということになりかねません。

天皇が安倍政権を非難するため退位しようとしているという証拠はまったくありません。にもかかわらず、いくつかの分野で明仁天皇が多くの政治的右派と見解を異にしているのは事実です。

かつては、政治的右派が天皇を崇拝し、政治的左派が天皇制に反対しているという二分法が成り立ちましたが、そうした二分法はすでに過去のものになりました。

もし新たな二分法が成り立つとすれば、それは政治的右派が明仁天皇に（まず口には出さないものの）かなりの当惑を覚えており、政治的左派が個人としての（かならずしも天皇制そのものではなく）明仁天皇を称賛しているということです。

注目に値するのは、日本共産党が事実上、天皇制の存在を容認したことです［200

4年の綱領改定を経て、2016年には天皇臨席の国会開会式に出席」。日本共産党は天皇退位にどのように対応するかという国会での協議に進んで参加しています。

明仁天皇が現在の政治的右派の大半と見解を異にする分野としては、たとえば、自身が戦後憲法を尊重していること、あるいは日本人は「日清戦争勝利による台湾領有の」1895年から1945年にかけての帝国の時代に日本が犯した歴史的誤りを反省する必要があると信じていることなどが挙げられます。

政治的右派は天皇の退位希望表明に反発し、さまざまな異論を提出しました。一方、2016年8月の「おことば」にたいし、世論調査では、天皇の退位を認めるために政府が必要な措置をとることに90パーセントが賛成を表明しました。

私たちは、そのあと政治的右派の代表が表向きに発言しようとしたことと、実際の心情とはちがうということを認識しなければなりません。

また、大半の政治的右派が懸念するのは退位そのものではなくて、これが先例となって、皇位の安定性が損なわれるのではないかということだということも知っておくべきでしょう。

さらに、右派が大きな懸念をもっていたのは、退位をめぐる論議が、なぜ女性が国家の象徴になれないのかという問題に移っていくことでした。

政府関係者は誰一人として表向きには何も語らないのですが、正直にいって、安倍政権にとって、これは悩ましい一件だと思います。しかし、安倍首相のブレインの一人である百地章《ももちあきら》（日本大学名誉教授）は率直に語っています。

2016年8月に彼はこう発言しました。

戦後はじめて、日本人は占領軍によって押しつけられた憲法を改正する機会を与えられた。率直に言って、われわれはこれをやり遂げる力を失わないか心配だ。[*12]

しかし、彼は不承不承ながらも、特例として天皇の退位を認めようとしていました。最右派の神社本庁の立場も同じです。とはいえ、百地も神社本庁も男系による皇統を確保する方策をとるよう求めていました。

しかし、安倍首相のブレインのなかには、はっきり退位に反対するだけでなく、象徴天皇のあり方についての現天皇の考え方をあからさまに批判する者もいたのです。平川祐弘《すけひろ》（東京大学名誉教授）と渡部昇一（上智大学名誉教授、故人）は、退位問題を議論するために設けられた政府の有識者会議で発言し、皇位は存続することだけが重要なのであって、天皇は国民と国家のために祈るという基本的な義務を果たすだけでよいと述べました。

渡部は有識者会議でこう述べています。

天皇のお仕事というのは、昔から第一のお仕事は国のため、国民のためにお祈りされることであります。*13

渡部はさらに、現天皇はあちこち出向くことで国民に姿を見せようとなさっているが、そうまでなさる必要はないとも述べています。

明仁天皇は、この発言を、自分と皇后がこれまで各方面で果たしてきた活動的役割を否定したものととらえたにちがいありません。

「社会福祉の皇室カップル」

天皇皇后夫妻は、これまで熱心に社会福祉活動に努め、自然災害に遭った地方の人びとにも手を差し伸べてきました。また、日本でもっとも不利な立場に置かれた人びとを気遣い、さらにもっとも辺鄙《へんぴ》なところで暮らす国民のもとを訪れ、絶え間なく社会の周縁との距離を縮める努力をつづけてきました。

夫妻は戦争による傷をいやそうと努め、そのために国内では象徴的な行為と言葉を重ね、また近隣諸国に謝罪し、一般的な意味で国際親善を果たしてきました。さらには、常々、文化やいわば学問・教養を奨励してきました。

ここで、天皇皇后夫妻の明確な考え方をひとつ紹介してみましょう。

1964年に日本はオリンピックを開催しましたが、このとき同時にパラリンピックも開かれ、当時の明仁皇太子はパラリンピックに自身の理念を取り入れたのでした。

いまからみれば、当時皇太子の明仁がパラリンピックに自身の理念を取り入れるなど、たいしたことではないと思えるかもしれません。

しかし、私たちは、障害者にたいする見方や扱い方が、この間どれほど変わってきたかを思いだしてみなくてはなりません。1964年の時点で、日本では障害者は隠しておくべきと考えるのがごくふつうでした。

そうしたなか、皇太子にとって障害者に象徴的な栄誉を与えることは大きな意味をもっており、そしてそのことが障害者にたいする社会的な見方を変えることにつながったのです。

明仁天皇と美智子皇后は「社会福祉の皇室カップル」として活動しつづけてきたとみるのが適切だと思います。

私はある本を読んでみました。

それは日本の保守派のひとりである小林よしのりとリベラル派のひとりである井上達夫とのあいだで交わされた論争なのですが、これを読めば右と左との断層線をほぼ理解することができます。

しかし、これを読んで私が興味を覚えたのは、日本の有力者のなかでは、天皇だけが弱者のために発言しているという点に関して、小林と井上の意見が一致しているということです。とりわけ小林は、天皇が日本社会でもっとも不利な立場に置かれた人びとを見捨てないという、きわめて重要な役割を果たしていることを強調していました。

ここで、現在の天皇皇后夫妻が、自分たちと地方の人びととの距離をどれだけ縮めようと努めているかを示す証拠を、何枚かの写真でおみせしましょう。

現天皇が天皇の果たすべき役割を次のように考えていることはまちがいありません。それは特定の大義にもとづいて、みずからの威信を精力的に活用し、常に人びとと触れあうことです。これが、象徴天皇の役割についての、明仁天皇独自の考え方といえるでしょう。

退位に関する政府有識者会議で、ジャーナリストの櫻井よしこは、天皇のもっとも重要な機能のひとつが、国民と国家のために祈ることであるという意見に賛同しました。

彼女はそのうえで戦後憲法を非難しています。それはこの問題について、現憲法の一般的解釈では、天皇が神道の最高宮司を務めるのは公的活動ではなく私的活動になってしまうからだというのです。

櫻井はさらに万世一系に触れて、男子による皇位継承が維持されるべきだと強調しま

1993年７月27日、北海道奥尻町で、北海道南西沖地震被災地を見舞う天皇、皇后

2018年９月21日、広島県呉市で、西日本豪雨災害の被災者に声をかける天皇、皇后（代表撮影）

した。これは女性ジャーナリストとしては、興味深い立場です。「万世一系」は、皇統の起源と歴史を神話的に解釈したもので、実証性を重んじる人は誰もこれを受け入れていません。

政治的右派についての研究

有識者会議で発言した保守派のなかでは、何人かが、昭和天皇が死去するまで務めを果たしつづけたことを称賛し、みずから引退を望んでいる現在の天皇は天皇としていわば劣っているのではないかと示唆しました。

私自身は、自分とほぼ意見が一致する人びとや団体よりも、たいてい意見が一致しない人びとや団体を研究したいと思っています。正直にいって、中道左派に位置する政治的主張を研究するのは、たまらなく退屈です。だいたい予想がつくからです。

最右派であれ極右であれ、私が日本の政治的右派について研究するときには、彼らの言い分を読んでも、まず感情的になったりはしません。

しかし、退位をめぐるこの有識者会議で発言した保守派は、くり返し昭和天皇を称賛していたので、私は少し気がめいるほどでした。彼らは何度も何度も昭和天皇が戦争を終結に導いたことをたたえました。その一方で、たとえば降伏を遅らせる政治的働きかけをおこなっていた面は無視していたのです。

昭和天皇は軍部に決定的な勝利を得ることを促し、それによって無条件降伏を避け、交渉による降伏にもちこむよう求めていたのです。歴史的文脈からいえば、歴史から取り除かれていることのほうが、歴史に含まれていることよりも、ずっとだいじです。私のみるところ、昭和天皇はけっして怪物ではありませんが、けっして英雄でもないのです。昭和天皇を全面的にたたえるなかで、一部の保守派は現在の天皇が昭和天皇に及びもつかないとみているようです。こうした見方に私は賛成しかねます。

保守派が危ぶむ皇統の継続性

保守派がひそかに心配しているのは、はたして将来、皇統を守っていけるのかということです。それは現実に適格な皇嗣《こうし》がほとんどいないことからみれば、とうぜん出てくる推論です。天皇が退位できるようになれば、皇太子が天皇になるのも辞退できるのでしょうか。

保守派は何度もコメントを出して、問題にすべきは個人としての皇族のあり方ではなく、皇統の継続性だと示唆しています。

八木秀次（麗澤大学教授）はこんなふうに述べています。


自由意思による退位を認めると同じく自由意思によって次代の即位拒否、短期間での退位を認めなければならなくなり、皇位の安定性を揺るがし、皇室制度の存立を脅かすということである。*14


しかし、退位の問題が出てくる前でも、日本の天皇制はすでに時限爆弾をかかえていました。

遅かれ早かれ、男子の跡継ぎがいなくなるのは、ほぼ確実だったのです。歴史的にみて、男子の血統を維持するには、ふたつの装置が必要でした。

ひとつは側室制度、もうひとつは跡継ぎをつくるのにふさわしい宮家を数多く設立することでした。現在の日本ではそのどちらも存在せず、そのどちらかをふたたびつくる機会は、ほとんど残されていません。

それに、いったいどうすれば側室との出会いを用意できるのでしょう。いくつかのシナリオを考えてみました。

皇太子が妃に、友達を集めて「女子会」を開くようううながし、その裏で側近たちが側室との出会いをお膳立てするというのはどうでしょう。もちろん、ある時点になれば、側室から生まれた「ロイヤル・ベイビー」を嫡子《ちゃくし》とすることを、公に認めなければなりません。そのときは、おそらく妃が怒り心頭に発することになるでしょう（そしてたぶん離婚することに?）。

こんなことになれば、ほんとうにすばらしいとしか思えない皇室の現在のイメージをかなりぶちこわすことになります。まさか、そんなことはおこらないでしょう。率直にいって、私の知るかぎり、徳仁皇太子は側室を設けることなど頭から拒否すると思います。

１９４７年に廃止された11の宮家のうち、少なくともまだ後継者のいる宮家をいくつか、あるいはすべてを再建することも考えられないわけではありません。しかし、それをはたして世論が支持するでしょうか（実際、皇族を含め、こうした解決法を支持する人はほとんどいません）。

第一、いまも平等に重きが置かれている現在の日本社会で、税金でどれだけ多くの皇族を養えば人びとが満足を覚えるのか疑問です。

さらに、はっきりした反対理由として挙げられるのは、こうした傍系家族と皇族との血縁関係はきわめて薄く、なかには６００年前から分岐した家系もあることです。その家族をふたたび皇族のなかに引き入れることは、ほとんど別の天皇家になるのと変わりないのではないでしょうか。

さらにいうと、皇籍から離脱した傍系の人びとは一般人として生まれ、一般人として生活しています。そのため、一般人を男子の皇統に組み入れることは、いささか皇統の威信を弱めることになります。現在、こうした傍系家族には、５、６人の若い独身男子がおり、そのなかで現在の地位を捨てて、皇嗣をつくることに関心をいだく人がいるかどうかもはっきりしません。

男子が生まれず、皇太子妃が苦労したあと、日本の女性は男子の後継者を産むというたいへんなプレッシャーのかかる状況のなかで結婚することをためらわないでいられるでしょうか。

そこで、もし宮家をいくつか再建するとしても、その男子がはたして妻を見つけられるかということになるのです（その候補者の誰もが、任務を果たすのはごめんだというかもしれないからです）。

さらに、男系による「万世一系」という考え方を深刻に受け止めている学者がほとんどいないことを考えれば、傍系の家を宮家として再建するという極端な方策をとる必要があるでしょうか。

というのも、直系の皇統なるものを維持するもっと簡単な解決法があるからです。日本の歴史には8人10代の女性天皇がいたというのに、なぜ女性を天皇として認めてはならないのでしょうか。

この問題はけっきょくのところ、誰かが日本の皇統の独自性を強く主張しているということに帰着するのです。

つまり、皇統が男系の万世一系からなるということが、無理やり強調されているのです。過去8人の女性天皇の場合も、自分の子どもが帝位につくことが一度もなかったわけではありません。とはいえ、帝位は常に男系天皇と血縁のある皇子に戻されました。右派がほんとうに恐れるのは、たまたま一時的に女性天皇が誕生することではなく、女性を通じて皇位が継承され、それによって万世一系が壊れることです。

2017年1月に竹田恒泰《つねやす》は、女系が容認されるくらいなら、天皇制はなくなったほうがましだとまで発言しています。竹田は実際に皇籍を離脱した宮家の後裔で、慶應義塾大学で法学の学位を取っています。しかし、私の理解するかぎりでは、たとえ宮家が再建されることになっても、彼が皇嗣をつくる候補とはならないでしょう。

ここでも日本の政治的右派が、女性が国家の象徴となることに反対しています。しかし、それを毛嫌いしているのは熱烈な少数派であって、安倍政権はこの問題に関しては熱烈な少数派におもねっています。基本的に安倍首相は自分の権力を支えてくれている最右派の肩をもつ必要があり、とりわけ皇室の問題となると、その方向を支持する傾向が強いのです。

「すべての女性が輝く社会」と言うけれど

安倍政権の基本的政策のひとつは「すべての女性が輝く社会づくり」ですが、にもかかわらず女性天皇には反対しています。どうやらこの広範な政策は、皇室典範を見直して、女性が国家の象徴となること、すなわち女性天皇を認める領域にまでは拡大されないようです。

ちなみに、ここでいう女性天皇とは、かつて日本に存在したようなつなぎとしての女性天皇だけを意味するのではなく、みずからが男子もしくは女子の皇嗣を産んで、女性を通じて皇統が維持されるような存在を意味しています。

したがって、まさに昨年［2017年］、日本の国会で成立した現天皇の退位を認める特例法は、単に天皇の退位の希望に応えるもっとも機敏な方策だっただけではありません。それは、皇室がらみのもうひとつのやっかいな問題を議会で長々と論議するのを避ける手段でもあったのです。

なかでももっとも注目に値するのは、なぜ女性が国家の象徴になるのを許されないのかという問題でした。というのも、女性天皇は時勢に即しており、道義的にも正しいし、さらには、遅かれ早かれ皇室に跡継ぎがいなくなるという時限爆弾をうまく解決する方法のように思えるからです。

新天皇皇后夫妻の新たな大義

ここで話の締めくくりとして、明仁天皇、美智子皇后夫妻と徳仁皇太子、雅子妃夫妻について、短く言及しておくことにします。

明仁天皇は2019年4月30日に退位することになっています。明仁天皇と美智子皇后の遺産は多岐にわたり、しかもきわめて前向きのものです。

たとえば、さきにみたように、二人は日本で不利な立場に置かれた人びとを助けるために尽力したと記憶されることでしょう。

もし日本が世襲の天皇制を維持しようとしているなら、これこそ皇室が果たすべき有意義な役割なのではないでしょうか。

私は次の新天皇夫妻に何を期待するかとよく聞かれます。

まず私が提案するのは、二人を見守らなければならないということです。しかし、私たちがとうぜん期待していいのは、これまでどの天皇皇后夫妻もそうであったように、彼らが在位中にみずからの特徴、つまり象徴天皇としての特徴を刻みつけるであろうということです。

とはいえ、二人とも戦後体制のもとで育ち、とりわけ徳仁は若いころから「象徴学」、すなわちいかに象徴たるべきかを教えられています。そのため、個人的なスタイルという点では、明仁とその父のあいだに存在したような断絶は、徳仁と父の明仁のあいだにはおそらくないのではないかと思います。

新天皇皇后夫妻は、みずからの関心と時代の状況に沿って、新たな大義を採用していくでしょうが、それでも現在の天皇と皇后が敷いた路線をほぼ踏襲することになるでしょう。

＊1　「日本の象徴天皇制に学ぶブータン」（「本」、講談社）２００９年10月号。
＊2　"Dutch Queen Beatrix abdicates in favour of son," BBC (accessed online), 30 April 2013.

＊3　同。

＊4　"Philippe becomes new Belgian king as Albert II abdicates," BBC (accessed online), 21 July 2013.

＊5　John Dower, "E.H. Norman, Japan, and the Uses of History," in Dower, ed., *Origins of the Modern Japanese State: Selected Writings of E.H. Norman* (Pantheon Books, 1975), pp. 56-57に、その引用がある。本文はもともと*Pacific Affairs* Vol.16, No.3 (September 1943), pp. 363-364に掲載されたJohn F. Embreeの論考 *The Japanese* にたいするノーマンの書評である。日本語版の『ハーバート・ノーマン全集』にも収録されているが、ここでは独自に訳出した。

＊6　衆議院事務局『第13回国会衆議院予算委員会議録』第5号19ページ。

＊7　岩見隆夫『陛下の御質問――昭和天皇と戦後政治』（毎日新聞社、１９９２）18ページ。

＊8　平泉澄「日本歴史の上より見た天皇の地位」（自由党憲法調査会編『天皇論に関する問題』（１９５４）93－94ページ。

＊9　同96ページ。

＊10　憲法調査会事務局『憲法調査会第百一回総会議事録』（１９６３）１ページ。

＊11　自由民主党憲法調査会『自由民主党憲法調査会資料』第３巻82ページ。

＊12　"If the pope can retire, why not Japan's elderly emperor?" Reuters (accessed online), 2 August 2016.

＊13　首相官邸ホームページ「天皇の公務の負担軽減等に関する有識者会議」（第４回）議事録。

＊14　『天皇の公務負担軽減等に関する有識者会議最終報告参考資料』（２０１７年４月21日提出）22ページ。

第6章　遅すぎた退位論議

皇室典範の「大きな欠陥」

1990年代半ば、拙著『国民の天皇』の出版に向け、皇室の研究をしているさなか、私は皇室典範に詳しい多くの日本人学者と意見を交わした。彼らの意見は、多岐多様にわたっていた。たとえば、皇室典範は男子、女子を問わず、第一子を皇位継承者と定めていないから、時代遅れなのだという学者もいた。

別の学者は、もし適格な男子継承者が見当たらない場合は、女性天皇を容認する規定を設けてしかるべきだと考えていた。皇室を存続させるには、そうすることが必要だと思われた。長期にわたり男系を維持したいのならば、いわゆる側室制度をつくり、皇位継承者を生みだすのにふさわしい宮家を大幅に拡充することが必要になってくる。だが、日本には、そのどちらの制度も欠けていたからである。

側室制度が再建されることはまずありえないし、継承者を生みだすのにふさわしい宮家の数を増やすことは、平等性が強く求められる現代社会においては、実際、なかなかやっかいな仕事となるにちがいない。したがって、法律を変えないかぎり、遅かれ早かれ、皇室は継承者不在の状況に見舞われることになる。

私が意見を交わしたさまざまな学者は、この問題でも、ほかの問題でも、考え方はまちまちで、政治的立場も左から右までばらばらだった。しかし、そのほとんど誰もが、皇室典範の大きな欠陥は、退位の規定がないことだと認めていたのを覚えている。

年をとった天皇と、それに寄り添う皇后が、国民のために強い決意で公務をこなす様子は、間違いなく感動的であろう。だが、天皇と皇后がどれほど特権を享受しているにせよ、その生活が、果てしなくつづくと思われる公務の遂行を通じて、国民の象徴という役割を果たすものであることは、どこか痛ましさを覚えさせるものである。

とはいえ、高齢化がどういうものなのかがわかっている人なら、天皇が存命中に公式日程をこなせなくなるばかりか、いかなる公務も果たせなくなるといった、さまざまな事態が起こりうることを想定できるはずだ。

こうした状況に対応するために摂政を立てても、それはとりわけ事態が長期化する場合には、間に合わせの解決にしかならないだろう。

率直にいって、皇室典範のこうした欠陥は、すでに正されていてしかるべきであった。

ほかの政体をとる国に比べ、民主主義国は、緊急な修正が必要になる前に、欠陥のある法律をあらかじめ手直しすることが不得手で、むしろ遅れがちになる。しかし、少なくとも明仁《あきひと》天皇の意思を尊重するのであれば、現在の状況は明らかに緊急を要する。

日本では天皇の憲法上の立場は象徴と定められている。にもかかわらず、天皇にかかわる出来事は、何につけ政治的な意味合いをもちやすい。それでも、退位については、ほかと切り離し、できるかぎり非政治的な問題として扱ってほしいと願っている。この問題は、何よりも良識と基本的人権の領域に属している。

多くの論者は、天皇がみずから退位に関する論議をもちだしたこと自体が、憲法上、政治に関与しないという象徴の立場から逸脱した行為だと指摘している。その指摘が当たっていないわけではない。

だが、明仁天皇は、憲法上の立場を逸脱しないよう、きわめて慎重な姿勢で、はっきりと国民に向けて語りかけていた。

私は「おことば」の最後近くの部分にとりわけ感銘を覚えた。

天皇は自身の高齢化やいずれ訪れる終焉によって生じる周囲への負担をできるだけ少

なくしたいという希望を実に詳細に語った。私はまさしく「国民の天皇」であるとの思いを新たにしたものである。

象徴天皇が残してきた足跡

天皇がみずから前面に立って行動を起こさなければならなかったのは、立法者が皇室典範の明らかな不備をそのまま何十年にもわたり放置してきたためである。天皇がみずから政治過程に関与したいと望んだことより、その問題のほうがはるかに重大である。退位問題がどうなるにせよ、現在の天皇と皇后の成し遂げた仕事は、いくつかの分野ですでに確たるものとなっている。

現在の天皇と皇后の事績は次のような分野に広がっている。

（1）夫妻は日本の周辺に追いやられた人びとの苦難に関心を向け、その生活を改善するため、懸命に努めてきた。

（2）夫妻は戦後処理に努力してきた。

（3）皇后は初の単独海外訪問を含め、とりわけ熱心に公務を担ってきた。それは将来いつの日か、女性が国の象徴としての仕事を果たす素地となりうるものである。

社会の周辺に追いやられた人びとの生活改善に寄与した点に関しては、多くの事例が頭に浮かぶけれども、そのなかには、1964年の東京オリンピックに際して、現天皇がその理念をはじめて採用した、パラリンピックへの断固たる支援も含まれている。そのほかにも離島への訪問や、自然災害に遭って突然生活の基盤を失った人びとへの慰問なども挙げられる。要するに、現在の天皇と皇后は、まさしく「社会福祉の皇室カップル」とみるのが適切である。

戦後処理に関していえば、天皇と皇后の仕事は少なからず重なり合っているが、どちらをとっても、申し分のないものである。戦後処理に向けての皇室の努力としては、国内では、たとえば戦争でもっとも大きな犠牲を出した沖縄や広島、長崎への訪問が含まれている。

私はこうした努力が、日本の戦後処理過程を促進したと考えている。国際面では、天皇は1990年の謝罪で韓国と、1992年の謝罪で中国と和解しようと努めた。それに続いて、日本がアジアのほかの国々に苦難を与えた近代の歴史を深く反省する姿勢を保つことを示唆する声明を発表した。

しかし、こうした分野での天皇の活動にもかかわらず、近隣諸国は帝国日本の侵略という苦い記憶を維持し続けており、そのことが時折、現在の日本との関係を悪化させている。それでも、天皇がこの地域の状況をできるだけ穏やかに改善しようとしていることは間違いなく、それが与党の立場との関係をしばしば微妙なものとしている。

皇后の公務に関しては、2002年にスイスのバーゼルで開かれた国際児童図書評議会（IBBY）創立50周年記念大会での祝辞が、皇后の役割を拡張した一例となっている。

はたして雅子皇太子妃が美智子皇后の活発な公務を継承できるかどうかははっきりとはわからない。だが、さまざまな分野において、皇太子妃がこれからどういう公務を果たすのか、また徳仁《なるひと》皇太子がどのような姿勢をとるのかを見守っていく必要がある。

天皇の立場は憲法や伝統によって、はっきりと縛られている。それでも、個々の天皇が在位中に独自の足跡を残し、皇后にしても、それは同じだということを、人は忘れがちである。

皇太子夫妻がどういう社会的役割を果たすかについていえば、2004年12月23日に発表された天皇の記者会見での発言を念頭に置くのがよいかもしれない。そこで天皇はこう述べていた。

新たな公務も、そこに個人の希望や関心がなくては本当の意義を持ち得ないし、また、同時に、与えられた公務を真摯《しんし》に果たしていく中から、新たに生まれてくる公務もあることを、私どもは結婚後の長い年月の間に、経験してきたからです。

女性と「国民の象徴」

退位問題に話を戻すと、はっきり言って、この部分の皇室典範改正は単純明快になされるべきであり、退位について規定するよう法律が改正されることが望ましい。

しかし、それがすんなりいくかどうかはわからない。聞くところでは、政府の極秘チームが水面下でこの問題を検討しており、次の段階では、専門家委員会を立ち上げて問題を検討するというが、法律が改正される時点で、国会はこの問題を公に論じるべきである。それこそが民主主義のやり方である。そして、いったん皇室典範の改正が公に論じられるようになれば、次の展開も容易に想像することができる。

何と言っても、安倍政権の基本政策のひとつは「すべての女性が輝く社会づくり」である。だが、はたして、この広範な政策は皇室典範改正にまで広がり、女性にも国民の象徴たること、すなわち女性天皇を認めるところまで行き着くだろうか。

ちなみに、ここでいうのは、かつて日本に存在した後見人としての女性天皇ではない。自身の産んだ男子または女子が女系を通じて天皇になるという女性天皇のことである。女性天皇の誕生は、国家主義者が賛美していても学者は疑問とする万世一系なる皇室の血筋を壊すことになるかもしれない。

しかし、歴史には、たとえつくられた伝統であっても、それを尊ぶ時もあれば、考案された伝統を終わりにする時もあるのだ。

日本人が公然と論じる前に

現時点で皇室の将来は、日本人が表立って口に出すのをはばかる以上に危ういものである。私は日本人ではないので、悠仁《ひさひと》親王に最大の敬意を払いつつも、ここで率直に皇室の状況を正面からとらえておきたい。

皇位は徳仁皇太子からやがて悠仁親王に継承されることになるだろう。だが、そのこと自体、皇太子のわだかまりを呼び起こすにちがいない。というのも皇太子は自分の娘の愛子内親王が降嫁《こうか》し皇族の地位を失うのにたいし、悠仁親王に天皇としての振る舞い方を授けるという役割を果たさなければならないからである。

女性が国民の象徴になるのは許されないという示唆は、これからますます強まっていくだろう。こうした状況の気まずさは、皇太子の苦しみを理解する方向へと進んでいない。むしろ、皇太子妃にたいする近年のあけすけな批判へとつながり、さらには徳仁皇太子よりも秋篠宮こそが天皇にふさわしいのではないかという意見を生む背景になっていると思われる。

言うまでもなく、最右派が雅子妃のことを嫌い、彼女をしっかりと支えている皇太子のことも嫌っているのは、公然たる事実で、徳仁皇太子に代えて秋篠宮を天皇にという主張の背景にはそのことがある。

しかし、そのことよりもっと緊急な問題は、現世代の皇室には子どもの男子がひとりしかいないということなのである。そこで、私は包み隠さず、次のような事態が起こりうることを以下に指摘しておきたい。

将来、後継者がなければ、いずれ悠仁親王は孤立状況におちいってしまうだろう。もし悠仁親王が後継者をもうける前に、事故や病気で亡くなったら、いったいどうなるだろう。もし女性と結婚しようとせず、別種の関係を好んだら、どうなるだろう。また女性と結婚しても子どもができず、子どもができても男子でなかったら、どうなるだろう。

こうした状況は、たいていの日本人が公然と論じるようになる以前に、大いにありうることである。しかし、こうした可能性がオープンに論じられるようになれば、立法者の側も行動を起こさざるを得なくなるだろう。

加えて言うと、たとえ悠仁親王に後継者が生まれたとしても、それ自体はいずれ男子の継承者がいなくなる時がやってくるという問題を先延ばしにしたにすぎない。それならば、なぜ現時点において、後継者問題を解決する状況を揺るぎないものにしておかないのだろう。

「元首」という用語

ジェンダーの平等性が当然とされる21世紀の社会では、女性が国民の象徴となるのが認められるのは、ごくあたりまえのことで、そのためには皇室典範を改正して女性天皇を認めるようにするだけで事足りるというのは、きわめて単純明快な論議のように思われる。

しかし、こうした主張がまったく正当だということはさておいて、現在つくられている日本の皇室制度が、遅かれ早かれ、必要な男子継承者がいなくなってしまうという時限爆弾を抱えていることは事実である。

だが、これにたいして、最右派は皇室制度に関してはいかなる変更も加えるべきではないと強く反対しており、時の政権のかなりの部分もその見解に同調している。

退位条項をめぐって、皇室典範の改正問題が国会で公に議論されるようになると、それに付随する問題として女性天皇容認論が浮上するのではないか、と私はみている。さらに、これは皇室典範にかかわるというより、むしろ憲法にかかわる問題なのだが、そのさい自民党からは天皇の憲法上の地位を元首とするというやっかいな提案、不必要に挑発的な動きも出てくるだろう。

海外の国々は、実際には天皇を日本の国家元首（それが象徴的元首であったとしても）として解釈していることはいうまでもない。

しかし、とりわけ明治憲法が主権と強力な権限をもつ天皇を定めるさいに用いた、この「元首」という用語が、いかに歴史的な重荷となったかを考えると、なぜこうした変更が必要なのだろうか。それは、安倍政権が天皇の地位に関してだけではなく、憲法のほかの分野においても、何か企んでいるのではないかという疑惑を引きだすだけである。

こうしたいたずらな論議のかき回しは、安倍政権にとってもけっして幸せなことではない。というのも、日本のなかで、憲法改正という考え方自体を忌み嫌う人が少なからずいるとしても、21世紀初めの社会的・政治的状況をより反映するよう憲法を改正していく必要があるという意見には一理あるからである。

「大衆の意見」はどう形づくられるか

２００１年に『国民の天皇』の英語版を出版する前、言い換えれば、私がさまざまな草稿を学会で発表し、各章に同僚の意見を取り入れようとしていた段階で、少なくとも左翼の学者からみれば、この本でもっとも論議を呼ぶのが、第５章「天皇制文化の復活と民族派の運動」で扱われた部分であることが明らかになりつつあった。

この章は、圧倒的な経験的事実にもとづいて構築されている。というのも、私は一部の学者のなかで、私の主張がたちまち忘れられていくようにしたくなかったので、経験的事実について濃密な事例を次々と提示するよう努めた。

この章では、たとえば紀元節復活（１９６６年に「建国記念の日」として制定）や元号法制化（１９７９年に制定）などの運動を、人びとがどうみていたかが論じられている。

与党の自由民主党が、人びとの思いを無視して「上から」こういう法案を通した（これらの法案に反対した左派の学者はそう述べたが）とは、かならずしも主張できない。

むしろ、ここからは圧倒的に次のような事実が浮かび上がる。すなわち、こうした運動の背後には、神社本庁のような団体が存在し、それまで左派特有の運動方式だった大衆的な草の根のロビー活動という手法を用いて、紀元節復活や元号法制化への相当の支持（もっとも、紀元節＝建国記念の日をどう祝うかといった詳細についてはあいまいなままだったが）を盛り上げていったということである。

多少、横道にそれてしまうことになるが、ここで自分の意見を差しはさんでおこうと思う。それは、このふたつの運動で、大きくみて成功を収めたのは元号法制化だけだったということである。

今日、日本では公式の書式に常に元号が用いられ、一般に元号制が日本の日常生活を一体化する基盤になっている。

だが、建国記念の日の場合は、この休日を前のめりで再導入した同じ政府が、戦前の紀元節につきまとう重荷を担うのをためらった。

そのため、その後の自民党政府も、神社本庁のような熱心な支持者が思い描く戦前流儀の式典を後援するのを拒否している。現在にいたるまでの、こうしたさまざまな理由から、私が推測するのは、スキーのための休日ができたのを喜んでいる人はいるかもしれないが、建国記念の日が何を祝う日なのかを知っている日本人はほとんどいないということである。

右派の草の根運動

しかし、私がこの二つの運動の研究に立ち戻りたいと思った主な理由は、『国民の天皇』を出版した前後に、太平洋をはさんだ米国と日本の学者から、私に示されたショックと怒りを思い起こしたからである。

この本では、まさに最右派が民主的なやり方で行動していたこと、そして最右派はその政治目標を推し進めるために、民主主義のゲームに加わるのを学んだということを述べた。

ところが、何人かの研究者は、進歩的でなくても大衆を動かす運動がありうることをそもそも認めようとしなかったのである。

そのころ、私は駆け出しの学者にすぎなかったが、こうした批判に困惑を覚えた。それは、戦前の世界的なファシズム運動がまさにそうだったからである。

私の主張は、日本を本当に理解するためには、複雑なかたちで成り立っている日本のある一面が、たとえ嫌いだったとしても、紀元節復活運動を推し進めた草の根運動を、同じ時期に左派の学者を沸き立たせた反公害運動と同じように、真面目に取りあげる必要があるということであった。

私の方法にたいする批判のいくつかは、学問的な論争をさておいて、私が実はひそかに最右派に共感をいだいているのではないか、それでなければ、こうした運動について記述するはずがないというものである。

これはとりわけがっかりさせられる批判だった。個人的には、私はどちらかというと中道左派に属しているが、多かれ少なかれ私と同じような考えの人について研究しても仕方ないと考えている。

率直にいって、実際に経験的事実に即して、オリジナルな学問的実績を積むことより、左派の正当性を表明することに多くの時間を割いている人びとの論文を、私はどちらかというとあまり評価していない。

右派の草の根運動の評価をめぐる私の取り組みにたいする学問的論争は10年以上にわたるが、いまのところ私を支持する人が多いようである。けっきょく、歴史の現時点で、日本にはたとえば日本会議のような右派的な運動があることを誰もが否定できないだろう。

そして、もし日本を理解したいのなら、こうした運動についても理解しなければならないという考え方に疑問をはさむ人もいないはずである。

私は日本会議の研究を発表した青木理《おさむ》や山崎雅弘、上杉聰《さとし》、菅野《すがの》完《たもつ》といった思慮深い研究者やジャーナリストを高く評価している。[*1] 彼らは著書のなかで私についても言及し、紀元節復活運動や元号法制化運動など、戦後初期からの右派草の根運動の重要性をはじめて指摘した学者として認めてくれている。青木が確信をもって論じているところによると、日本会議のような組織は、こうした初期の右派運動の成功を注意深く学んだという。

彼らは戦略を立てるにあたって、こうした過去の運動から教訓を引きだしつつ、皇室典範を改正して女性天皇を容認することに反対したり、教育基本法に愛国心条項を盛り込んだりするために、日本人を動かしているのである。

大衆の支持と最右派の望み

ここでは皇室に関連するすべての問題について検証する余裕はないが、私が強調したい点は、大衆的な支持という概念を分析するにあたっては注意深くあらねばならないということである。

日本の最右派は、とりわけ帝国の時代を中心とする歴史の解釈をはじめとして、日本は女性天皇を容認すべきではないという点にいたるまで、さまざまな主張をおこなっている。

個人的にいうと、私はこうした主張に賛成しているわけではない。とはいえ、認識しておかなければならないのは、最右派が、そうした主張のもとに、しばしば実際に大衆の意見を結集させているということなのである。

そして、政府がその主張に応じて動くときには、すでに状況は、人びとの好むと好まざるとにかかわらず、政権が上から政策を無理やり押しつけるといった段階ではなくなっている。

以上のことはしばしば皇室にかかわる問題にも当てはまる。

実際に政府が通過させた法案を、最右派が望んでいたものと詳細に比べてみると、最右派はかならずしもすべての望みを達成したわけではないことがわかる。

そして、あれこれの提案への大衆の支持は、最右派と重なりあっているにしても、大衆はただやみくもに賛成しているわけではないこと、さらに政権はさまざまな法案に詳細な条文を書き込む前に、注意深く精査をおこなっていることもわかるのである。

私の予測では、安倍政権はけっきょくのところ明仁天皇の退位を用意する方向に進むことになるだろう。その場合は時限立法ないし皇室典範の部分修正で、国会での法案通過をはかることになるだろう。部分修正の場合は、たとえば女性天皇の条項を含めよという要求は無視されるかもしれない。

しかし、いまは日本社会を構成する多くの代表者と選挙民が、この特別な政治の舞台をどのようにつくりあげていくかを見守り、あれこれの問題にたいしてどのように世論が形成されていくかに注目するほかあるまい。

（２０１６年8月22日、米オレゴン州ポートランドにて）

＊1　青木と山崎については、日本会議に関するふたりの著書にもとづく『サンデー毎日』2016年7月5日号に掲載された対談を参照。菅野完については、その著書『日本会議の研究』（扶桑社新書、2016年）を参照。

［追記　安倍政権は皇室典範本体を修正せず、特例法によって、明仁天皇の退位を実現する運びとなった。女性天皇については国会で論議されず、皇位継承問題に関する本格的論議は先延ばしされるかたちになった。この論考は、天皇がみずから退位の意向を表明した2016年8月8日のビデオ・メッセージの直後に執筆されたものである］

あとがき

1987年の春、ハーバード大学在学中、私は慶應義塾大学で日本語を学ぶため、初めて日本にやってきた。私を受け入れてくれたのは、親切で元気のいいホスト・ファミリーだった。この一家は私の日本語学習を手助けしてくれただけでなく（平日、授業を終えて帰宅すると、何とお母さんが3時間も4時間も日本語を訓練してくれるのだ！）、日本の文化についても数多くのことを教えてくれた。

初の日本滞在からアメリカに戻って1年ほどたったころ、昭和天皇が病に倒れ、1989年はじめに逝去した。それが平成時代の幕開けとなった。

1988年12月、昭和天皇が病床にあるとき、長崎市長の本島等が「天皇には戦争責任があると思う」と発言し、それが物議をかもしたことはよく覚えている。その発言は少しも過激ではなく、ごくあたりまえのことと思えた。

そのため、市長への抗議がはじまり、さらに1990年1月に右翼の若者が彼を暗殺しようとしたことに私はショックを受けた。皇室への関心がわいたのは、本島事件にみられるように、当時まだ日本をおおっていたタブーを目の当たりにしたからである。

私は日本近現代史の専門家になろうと思い、何年にもわたって勉強をつづけた。まず1990年にはコロンビア大学の博士過程に進んだ。それから日本を何度も訪れ、長期間さらなる語学研修に励んだあと、戦後日本の天皇制に関する最初の著書（それは1997年に完成した学位論文をもとにしている）をめざした調査をはじめた。そして、その後も新しい著書や企画に向けて研究をつづけている。

いまふり返って気づくのは、私が日本を理解しようと努めてきた年月は、昭和から平成に移行する重要な期間を含めて、ほぼ平成の時代に重なっていることである。ある意味で、私も平成の産物なのである。初めて来日したときを除いて、私が日本に滞在した時期は、すべて平成の時代だった。

時はホームステイ先の両親のうえにも流れていた。彼らは現在の天皇や皇后と同世代である。ホストのお父さんは数年前に亡くなり、お母さんは年をとって病気がちだ。その娘さんとは、たがいの忙しいスケジュールの合間をぬって、いまもできるかぎり会うようにしている。この家族に受け入れられるという好運な機会に恵まれなかったら、日本に来るのは、まさにこの初めての滞在で終わりになっていたかもしれない。ホスト・ファミリーには深く感謝している。

私は折にふれ現在の皇室について論評するよう求められており、私の書くものが、時に人びとに何らかの示唆を与えることを願っている。日本にたいするアウトサイダーの見方が、しばしば皇室を理解するうえで役立っているとの意見もいただいている。

歴史を理解しようとする者にとって、きわめて重要なのは、19世紀半ば以降は、すべての歴史が（日本であっても、どこであっても）グローバル・ヒストリーだという事実を知っておくことである。そのころから地球上のあらゆる地域で技術発展が生じた結果、外部世界との接触が頻繁となり、その度合いも強まるようになった。

日本の近現代史（1868年以降、現在まで）は、グローバル・ヒストリーの視点で研究しなければならない期間とまさに重なっている。なぜ各国の近現代史がグローバルな観点からとらえられるべきかを考えるさいに、日本はその代表例だということができる。実際、日本は国内外の力の相互作用によって形づくられてきたのである。

日本の国家主義者は、万邦無比《ばんぽうむひ》たる皇室を強調するあまりに、皇室の近現代史もまた国内外の力の相互作用によって形づくられてきたことを、しばしば見過ごすだけでなく、否定しさえする。しかし、皇室を正しく理解するには、日本史の脈絡においてだけではなく、世界史の脈絡において見なければならない。

平成をめぐる本書の記述において、私はまさしくこの流儀で、すなわち日本史の流れだけではなく、グローバル・ヒストリーの流れのなかに皇室を位置づけようとした。そして、今回は、これまで執筆してきた歴史書とはことなり、私自身が直接の歴史の証人として、平成という時代をえがくことになったのである。

ケネス・ルオフ

ケネス・ルオフ　Kenneth J.Ruoff
1966年、米国ニューヨーク州生まれ。ハーバード大学卒業後、コロンビア大学で博士号を取得。アメリカにおける近現代天皇制研究の第一人者として知られる。1994〜96年、北海道大学法学部助手・講師を経て、現在、米オレゴン州のポートランド州立大学教授。同日本研究センター所長。『国民の天皇――戦後日本の民主主義と天皇制』（共同通信社、岩波現代文庫）で第4回大佛次郎論壇賞受賞（2004年）。その他の著書に『紀元二千六百年――消費と観光のナショナリズム』（朝日選書）がある。

［訳者］木村剛久　きむら・ごうきゅう
1948年、兵庫県高砂市生まれ。翻訳家、編集者。早稲田大学政治経済学部卒業。（株）共同通信社で書籍の編集を担当した。主な訳書・共訳書にウォルター・マクドゥーガル『太平洋世界』、ケネス・ルオフ『国民の天皇』『紀元二千六百年』。著書に『蟠桃の夢』（トランスビュー）など。

朝日新書
704
天皇《てんのう》と日本人《にほんじん》
ハーバード大学講義でみる「平成」と改元

2019年 1 月30日 第 1 刷発行

著　者　ケネス・ルオフ
訳　者　木村剛久

発行者　須田　剛
カバーデザイン　アンスガー・フォルマー　田嶋佳子
印刷所　凸版印刷株式会社
発行所　朝日新聞出版
〒104-8011　東京都中央区築地 5-3-2
電話　03-5541-8832（編集）
　　　03-5540-7793（販売）

ISBN 978-4-02-295005-5
定価はカバーに表示してあります。
落丁・乱丁の場合は弊社業務部(電話03-5540-7800)へご連絡ください。
送料弊社負担にてお取り替えいたします。